LA FAMILLE

DE

MOLIÈRE

Tiré à trois cents exemplaires.

OUVRAGES
DU MÊME AUTEUR

LAMARTINE et sa famille, d'après les documents authentiques, avec un extrait des registres du bailliage de Mâcon et un armorial des familles alliées. — Lyon, 1869, in-8º, blason, 56 p. *Presque épuisé.*

F. DE MONTHEROT et sa famille, d'après les documents authentiques, avec un armorial des familles alliées. — Lyon, 1869, in-8º, blason, 38 p. *Épuisé.*

LE PRÉSIDENT FAVRE, VAUGELAS, et leur famille d'après les documents authentiques, avec un fac-similé de l'acte baptistaire de Vaugelas, des pièces justificatives et un armorial des familles alliées. — Lyon, 1870, in-8º, blason, 104 p. *Épuisé.*

FAMILLES FAVRE CONTEMPORAINES, d'après les documents authentiques. — Généalogie de Jules Favre et documents inédits sur les Favre de Suisse. — Lyon, 1870, in-8º, blason, 92 p. *Épuisé.*

ARMORIAL HISTORIQUE DE LA BRESSE, Bugey, Dombes, Pays de Gex, Valromey et Franc-Lyonnais, avec les remarques critiques de Philibert Collet. — Lyon, in-4º de 714 pages avec 620 blasons magnifiquement gravés. 1872-1874. Prix : 60 fr.

AUGER DE MAULÉON, DIT L'ABBÉ GRANIER : Lettre à Mᵣ Ph. Le Duc, à propos des « Curiosités historiques de l'Ain, » Bourg, in-18, 10 pages. *Non mis dans le commerce.*

LA VALBONNE, étymologie et histoire, d'après les documents authentiques. — Lyon, 1876, in-8º, blasons, 213 p. Prix : 5 fr.

Mᵣᵉ JEHAN BALLANDRIN, curé de Bourg-en-Bresse et sa famille, d'après les documents authentiques. — Bourg-en-Bresse, 1877, in-8º, 2 planches gravées sur cuivre. Prix : 5 fr.

LA DIANA : Excursion archéologique à Saint-Bonnet-le-Château. Saint-Étienne, 1877, in-18, 8 p. *Non mis dans le commerce.*

LA FAMILLE DE
MOLIÈRE

ET

SES REPRÉSENTANTS ACTUELS

D'après les documents authentiques

PAR

E. RÉVÉREND DU MESNIL

JUGE DE PAIX

Membre de la Société des Gens de lettres
et de plusieurs sociétés savantes

SCIENTIA DUCE

PARIS

ISIDORE LISEUX, ÉDITEUR

RUE BONAPARTE, Nº 2

1879

PARIS. — IMPRIMERIE MOTTEROZ

31, rue du Dragon.

ARMOIRIES DE MOLIÈRE

ET DE SA FEMME

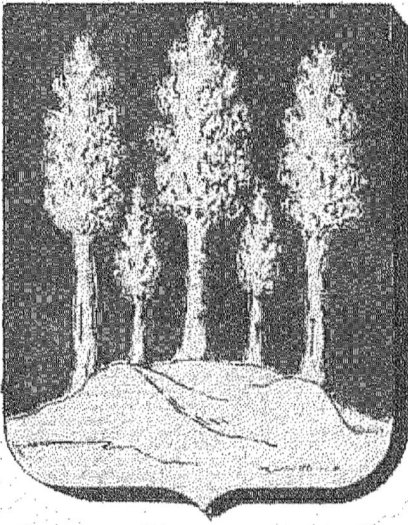

POCQUELIN DE MOLIÈRE

D'argent, à cinq arbres de sinople, dont trois de haute tige et deux plus petits posés entre les trois, le tout sur une terrasse de sinople.

BÉJARD

D'azur, à la fasce d'argent, accompagnée de trois molettes d'or, deux en chef et une en pointe.

AVERTISSEMENT

Molière a tous les tons, plaît à tous les esprits;
Son siècle tout entier respire en ses écrits.
DE CHABANON, *Épître sur la Comédie.*

C'est un homme... qui... ah! un homme...
Un homme enfin!
Le Tartuffe, acte I, scène VI.

Certains hommes, esprits superficiels, aiment à rire des généalogies : c'est qu'ils n'ont pas d'ancêtres! Dans notre siècle de progrès excessifs, ils voudraient l'égalité en tout, même dans les intelligences! Aussi qualifient-ils ces recherches de frivoles : ils n'y voient qu'un stérile assemblage de noms propres et de dates, bon tout au plus à endormir un lecteur inoccupé, et Dieu sait s'il y en a!

Un critique illustre, qui s'y connaissait, Sainte-Beuve, pensait autrement, puisqu'il disait, dans le Constitutionnel du 22 juillet 1862, que « connaître et bien connaître un homme de

*plus, surtout si cet homme est un individu mar-
quant et célèbre, c'est une grande chose et qui ne
saurait être à dédaigner.* »

*A propos de Chateaubriand, le même auteur
avait écrit ces paroles qui nous paraissent pro-
fondément justes :*

« *Il est très utile de commencer par le commencement, et, quand on en a les moyens, de
prendre l'écrivain supérieur ou distingué,* dans
son pays natal, dans sa race. *Si l'on connaissait
bien la race physiologiquement, les ascendants et
les ancêtres, on aurait un grand jour sur la qualité secrète et essentielle des esprits ; mais le plus
souvent cette racine profonde reste obscure et se
dérobe. Dans le cas où elle ne se dérobe pas tout
entière, on gagne beaucoup à l'observer.*

« *On reconnaît, on retrouve, à coup sûr,
l'homme supérieur, au moins en partie, dans ses
parents, dans sa mère surtout, cette parenté la
plus directe et la plus certaine, dans ses sœurs
aussi, dans ses frères, dans ses enfants mêmes. Il
s'y rencontre des linéaments essentiels qui sont
souvent masqués pour être trop condensés, trop
joints ensemble dans le grand individu ; le fond
se retrouve chez les autres de son sang, plus à nu
et à l'état simple : la nature seule a fait les frais*

*de l'analyse. Cela est très délicat et demande-
rait à être éclairci par des noms propres, par
quantité de faits particuliers... »*

*Ces sages considérations n'avaient pas échappé
à l'esprit sagace d'un érudit, dont nous déplorons
la perte, M. Eudore Soulié (1), alors conservateur des Musées Impériaux : il se disait fier de
suivre de pareils conseils « en étudiant Molière
dans sa race, dans sa mère, dans ses parents,
dans ses sœurs, dans sa fille. » Recueillant avec
soin les nombreuses notes (2) laissées par Beffara,
« cet investigateur passionné pour la mémoire de
Molière (3), » il y ajoutait un précieux recueil de
documents authentiques, pour la plupart copiés
par lui dans les études des notaires de Paris.*

*Pour nous, qui sommes loin des grandes biblio-
thèques ou des riches dépôts d'archives de la Ca-
pitale, nous avons largement extrait de ce livre*

----

(1) Voir ses *Recherches sur Molière et sur sa famille.*
Paris, 1863.

(2) Les anciens registres paroissiaux forment une source si sûre
et si abondante pour les informations généalogiques, que nous nous
étonnons qu'ils n'aient pas été plus tôt consultés ; que d'erreurs ils
eussent évitées à Grimarest, dans sa *Vie de Molière*, Paris, 1705,
et à tous ceux qui depuis l'ont si souvent copié !

(3) Beffara « n'était ni un homme de lettres ni un savant de profession : il avait été commissaire de police à Paris. »

les matériaux de cet essai, destiné à ajouter une pierre de plus au couronnement de l'édifice élevé par Grimarest, Bret, Voltaire, au siècle dernier, et depuis par MM. Aimé-Martin, Auger, Taschereau, Bazin et Loiseleur, à la mémoire d'un des hommes qui ont le plus illustré le grand siècle.

Nous serions heureux que notre modeste concours pût quelque peu aider à ce mouvement d'émulation, qui, depuis quelques années, se fait autour de Molière, et tend, de plus en plus, à glorifier son nom en faisant mieux connaître cet homme de bien et tous les siens, qu'on ignorait depuis si longtemps.

N'oublions pas qu'au milieu des chagrins domestiques dont sa femme l'abreuva, ou des indignes calomnies des envieux de sa gloire et de son génie, directeur infatigable d'une troupe dont il était l'âme et la vie, il composa, en vingt ans, trente et une comédies, dont la moitié sont des chefs-d'œuvre, auxquels rien ne peut être comparé, et dont l'autre moitié renferme des scènes que ses successeurs les plus illustres n'ont pu égaler (1).

(1) *Vie de Molière,* écrite en 1724.

Il mérita que le Père Bouhours lui consacrât cette épitaphe (1) :

Tu réformas et la ville et la cour;
 Mais quelle en fut la récompense!
 Les Français rougiront un jour
 De leur peu de reconnaissance.
 Il leur fallut un comédien
Qui mit à les polir sa gloire et son étude;
Mais, Molière, à ta gloire il ne manquerait rien,
Si, parmi leurs défauts que tu peignis si bien,
Tu les avais repris de leur ingratitude.

(1) Ménage, dans ses *Observations sur la Langue françoise,* II, p. 15, prétend que les vers que le P. Bouhours composa à la louange de Molière sont les meilleurs qu'il ait jamais écrits.

LA FAMILLE POCQUELIN

Lorsqu'à la mort de son père, Charles VII se fit couronner Roi de France à Poitiers, en novembre 1422, il ne possédait plus que ce qui était outre la Loire, excepté la Guyenne (1) : il résidait en Berry et on ne l'appelait plus, par dérision, que le *Roi de Bourges*. Les Anglais et les Bourguignons tenaient les meilleures provinces de notre pays, la Normandie entière, la Picardie et presque tout le pays de l'Escaut à la-Loire.

Le monarque français n'en commença pas moins la lutte contre ses ennemis ; ce ne fut qu'une triste suite de désastres, dont le premier fut la défaite de Crevant, près d'Auxerre, en 1423, à laquelle succédèrent la prise d'Ivry le 15 août 1424 et la déroute de Verneuil, le surlendemain. On trouva sur le champ

(1) Mézerai, *Abrégé chronologique*, 11, 487.

1

de bataille de Verneuil le corps du comte Douglas (1) qui, en haine de l'Angleterre, avait amené à Charles VII, comme auxiliaires, quatre mille soldats écossais. Dans la suite, ces étrangers lui furent du plus utile secours : aussi lorsqu'il eut, grâce à l'aide miraculeuse de Jeanne d'Arc, chassé l'ennemi des territoires usurpés, et qu'il se fut fait sacrer à Reims, le Roi de France songea, vers 1445, à constituer, avec les survivants de ce corps d'élite, une Compagnie de Gens d'armes, et, en 1453 (2), une garde attachée à sa personne, sous le commandement du général Patilloc : cette garde fut appelée depuis (3) *Compagnie des gentilshommes extraordinaires*, par opposition à celle des gentilshommes ordinaires établie par Louis XI (4) pour sa défense personnelle.

Antoine Bret, dans son *Supplément à la Vie de Molière* (5), affirme qu'un Écossais du nom de *Pocquelin* fut l'un de ces gardes étrangers, et qu'à la paix,

---

(1) Archibald, comte de Douglas, était un seigneur fort considéré dans son pays par sa qualité, ses richesses et ses alliances, mais plus encore par son mérite et son expérience dans l'art militaire : il fut fait duc de Touraine.— Voy. Rapin Thoyras, *Histoire d'Angleterre*, éd. in-4°, IV-21.

(2) Rapin Thoyras, *ibidem*.

(3) P. Daniel, *Hist. abrégée de la milice françoise*, I, 407.

(4) Ils recevaient 20 écus par mois : sous Charles IX, on les appela *Gentilshommes au Bec à Corbin*, de la forme de leurs haches imitant un bec de faucon.

(5) Le livre de ce commentateur de Molière parut en 1773, à une époque où le nom de Pocquelin n'était pas encore entièrement éteint.

ses descendants s'établirent en France (1), où ils jouirent longtemps des droits de la noblesse. Mais les malheurs de cette époque tourmentée leur firent bientôt une nécessité du commerce : c'est ce qui explique qu'on les trouve, au xv° siècle, fixés dans la ville de Beauvais, où se voyait (2) cette inscription lapidaire :

> Cy deuant gist vng honeste marchan
> Et bon bovrgeois lorsqv'il estoit marchant
> De tovs aymé, prisé et estimé
> Pocqvelin nommé et Martin cognommé,
> Qvi trépassa d'octobre le treziesme
> Lan de grace cinq cent vingt et vngiesme.

Nous n'avons pu trouver aucun document qui nous dise quelle fut, s'il en eut une, la femme de ce Martin Pocquelin, né vers 1460 (3), marchand et bon bourgeois de Beauvais, où il mourut le 13 octobre 1521 : en l'absence de titres, il nous faut commen-

(1) Bret les dit établis à Tournay et à Cambrai. C'est une erreur (Lettre de M. le Bibliothécaire de Cambrai, du 14 novembre 1863). — Ce ne fut qu'à la fin du xvii° siècle, qu'un Claude Pocquelin, comme on le verra ci-après, fut Directeur des gabelles et des traites en Picardie, où se marièrent deux de ses cousines.

(2) Soulié, *Documents*, note de la p. 197.

(3) M. Taschereau, qui a écrit une excellente *Histoire de la vie et des ouvrages de Molière*, Paris, 1825, constate que le nom a subi de nombreuses variations : « Les registres de l'État Civil, fort mal tenus alors, portent tantôt *Pougelin* et tantôt *Pocguelin*, *Poguelin*, *Poquelin*, *Pocquelin*, et même *Poclin*, *Poclain*, et *Pauquelin*. » — Nous avons adopté l'orthographe *Pocquelin* parce qu'elle est certifiée par les signatures au bas des actes authentiques.

cer le premier degré de cette généalogie par le suivant, probablement son fils :

I

N... Pocquelin qui dut naître de 1490 à 1495 et fut père de :

1º Louis Pocquelin qui suit ;
2º Simone Pocquelin, née en 1527, qu'une pierre tumulaire, conservée au musée de la ville de Beauvais sous le nº 248, rappelle comme suit :

> « Cy devant gist honeste feme dame Simone
> » Pocqvelin femme d'Antoine Bachelier, mar-
> » chant et bovrgeois de Beavvais, laqvelle tré-
> » passa le XXᵉ iovr daovst 1592 agée de LXV
> » ans. »

3º Le P. Alexandre Pocquelin, *Bellovacus*, religieux représenté dans un tableau du musée de Versailles peint vers 1640.

II

Louis Pocquelin, né vers 1525, marchand tapissier à Beauvais; dont le nom de la femme ne nous est pas davantage connu, mais qui certainement s'é-

tablit à Paris (1) comme tapissier vers 1580 et y fut
la souche d'une très nombreuse lignée par son fils :
   Jehan Pocquelin qui suit :

III

   Jehan Pocquelin (2), que les *registres paroissiaux*
de Saint-Eustache, de Paris, vont quelquefois dé-
nommer *Pouquelain*, d'abord porteur de grains, tint,
après la mort de son père, la boutique de ce dernier,
située rue de la Lingerie, où pendait pour enseigne
l'image de Sainte Véronique.
   On va peut-être s'étonner que Beffara n'ait pas
cité les actes baptistaires de ses trois premiers enfants, mais la raison en est dans ce fait que lui-même
signalait dans une lettre, du 8 mai 1830, à M. Aimé-
Martin, « *que ses recherches n'avaient porté que sur
environ la moitié des registres des paroisses de
Paris:* »
   Les incendies de la Commune, le 24 mai 1871, en
détruisant ces anciens et si précieux documents, ne
permettent plus de compléter son travail : force nous
est donc de nous en tenir aux pièces authentiques.

_____

(1) *Catalogue du Musée de Beauvais*, imprimé dans le *Recueil
de la Société Académique de l'Oise*, t. V. — Soulié, p. 197.
   (2) V. actes baptistaires des 15 janvier 1662 et 10 août 1625
aux *Pièces justificatives.*

qui se peuvent rencontrer ailleurs : du nombre est une généalogie manuscrite extraite d'un *tableau des alliances de la famille Brochant* et conservée aux Archives nationales sous la cote M 572 [34] (1) ; elle nous apprend que Jehan Pocquelin épousa Anne Gaude, de qui il eut :

1º Robert Pocquelin, lequel continuera ;

2º Guy Pocquelin, dont la postérité sera rapportée après celle de son frère ;

3º Louis Pocquelin, auteur d'une troisième branche ;

Beffara nous montre qu'en vue d'un second mariage, Jehan Pocquelin fut fiancé, le 19 juin 1594 (2), à Agnès Mazuel, fille de Jean Mazuel, violon ordinaire du Roi, que, veuf d'Anne Gaude, il épousa le 11 juillet suivant ; leurs enfants furent :

4º Jehan Pocquelin, auteur de la branche dite de Molière ;

5º Pierre Pocquelin, baptisé le 13 mai 1596, marchand mercier, rue de la Chanvrerie ;

6º Jeanne Pocquelin, baptisée le 8 juin 1597, ma-

(1) Nous en devons la précieuse communication à notre ami M. Eud. Soulié, avec lequel nous avons quelque temps correspondu au sujet de Molière. — V. aux *Pièces justificatives.*

(2) Beffara, Généalogie de Molière en tête de l'édition Auger : nous la reproduisons dans nos *Pièces justificatives.*

riée en janvier 1615 à Toussaint Perrier (1),
marchand linger ;

7º Marie Pocquelin, baptisée le 15 janvier 1599,
mariée en août 1618, à honorable homme Martin
Gamard (2), maître tailleur d'habits ; d'où :

Nicolas Gamard.

8º Nicolas Pocquelin, baptisé le 4 mars 1600, qualifié dans un acte du 29 mars 1637, reçu Mouf-
fle et Levasseur, notaires au Châtelet de Paris,
de tapissier et concierge de la maison de Mⁱᵉ de
Liancourt (3) ; il fut marié à Jeanne Varet (4),
comme l'indique son contrat, passé le 22 février
1645, devant Mareau et Legay, notaires audit
Châtelet ;

9º Agnès Pocquelin, baptisée le 27 novembre 1601,
mariée, en juillet 1625, à François Rozon, huissier au Châtelet, qu'elle rendit père de :

Agnès Rozon, mariée à Louis Bellier.

10º Guillaume Pocquelin, baptisé le 21 avril 1603 ;
11º Adrienne Pocquelin, baptisée le 29 mars 1609 ;
12º Martin Pocquelin, baptisé le 21 janvier 1616,
marié, en juillet 1635, avec Marguerite Fleurette, morte le 16 octobre 1636 ;

(1) Beffara écrit *Perrier* ou *Perret*, mais un acte du 22 février
1621, cité par Soulié, *Doc.* I, dit *Perier*. — On le trouve ortho-
graphié *Ferier* dans un acte de baptême du 10 août 1625.

(2) Acte du 22 février 1621, déjà cité.

(3) Transaction rapportée par M. Soulié, *Doc.* IV.

(4) Inventaire du 14 avril 1670. — Soulié, *Doc.* XXXVII.

13º Louise Pocquelin, femme, en août 1637, de Charles Droguet.

IV

Robert Pocquelin, marchand mercier à Paris, fut l'un des *juges consuls* (1) de cette ville en 1647.

Cette juridiction très importante et qui donnait la noblesse, fut créée par Ordonnance du Roi Charles IX en novembre 1563 (2). Chaque année, ordinairement le dernier jour de janvier, on assemblait les notables marchands bourgeois de la ville de Paris, et on élisait trente d'entre eux comme *consuls*, lesquels, à leur tour, procédaient à l'élection de cinq *juges consuls* chargés, pendant un an, de rendre la justice en matière de commerce.

Cinq qualités (3) étaient nécessaires pour parvenir au consulat à Paris : la première, d'avoir été marchand ou l'être actuellement ; la seconde, d'être natif et originaire du royaume ; la troisième, de demeurer dans Paris ; la quatrième, d'être de bonnes mœurs et sans reproches ; la cinquième, d'avoir porté les charges de son corps. Ils jugeaient en dernier

(1) Mss. de la bibliothèque Mazarine, cité par M. Taschereau. Notes, p. 334.

(2) Rév. P. Breuil, *Antiquités de Paris*, 1640, p. 725.

(3) *Guide du Corps des Marchands et des Communautés de Paris*, 1766, p. 44.

ressort jusqu'à 500 livres ; l'appel de leurs jugements portant condamnation à une somme excédante se relevait dans les trois mois au parlement de Paris.

Notre Robert Pocquelin épousa Simone Baudouin (1) et eut d'elle un grand nombre d'enfants, parmi lesquels le document que nous avons cité ne relate que les suivants :

1° N... Pocquelin, morte fille ;

2° Robert Pocquelin *l'aîné* (2), mercier, juge consul en 1663 : de Mad^elle^ de Lubert, sa femme, il eut :

    a. Robert Pocquelin *le jeune*, né vers 1630, curé de Saint-Sauveur, mort à l'âge de 85 ans, docteur en théologie de la maison et société de Navarre et doyen de la Faculté de Paris (3) ;

    b. Constance Pocquelin, femme de Mr Josse (4) de la Péronie ;

(1) M. Taschereau écrit *Simone Gandouin;* il prétend que ce « Robert Pocquelin, *parent de Molière*, donna le jour à vingt enfants. » — P. 427. — On trouve en 1713 Antoine Baudouin, gentilhomme servant à Madame la Duchesse d'Orléans.

(2) « C'est lui (V. Soleirol, *Molière et sa troupe*, 1858, p. 42) qui figurerait dans les actes de mariage des enfants d'un frère de Molière, qu'il traite de neveux. » — Beffara a confondu Jean-Baptiste Pocquelin qui formera le cinquième degré, avec Jean-Baptiste Pocquelin de Molière.

(3) *Gazette de France*, du 12 avril 1715, p. 24. — M. Soulié, malgré l'affirmation de Beffara, avait bien compris que ce « Robert Pocquelin appartenait à une autre branche de la famille de Molière. » — V. p. 12, *Note.*

(4) Vieille famille parisienne qui avait donné Maître Claude Josse, receveur des bois, élu échevin le 16 août 1596.

    c. Anne Pocquelin, femme de M. Maridat ;

3° Pierre Pocquelin, marchand mercier, directeur de la Compagnie des Indes, marié à Melle Brochand (1), d'où :

    d. Pierre Pocquelin, chartreux ;

    e. et *f.* Deux filles religieuses annonciades de Saint-Denis ;

4° Jean-Baptiste Pocquelin, qui suivra ci-après ;

5° Philippe Pocquelin, époux de Françoise Simonet.

L'*Armorial général de France* dressé par d'Hozier, en vertu d'un édit de novembre 1697, constate, Gén. de Paris, Reg. I, p. 228, n° 141, que « Françoize Simonet, veuve du sieur Philippe Pocquelin, marchand bourgeois de Paris, porte *d'argent à cinq arbres de sinople dont trois de haute tige et deux plus petits posés entre les trois, le tout sur une terrasse de sinople.* »

Leurs enfants furent :

    g. N... Pocquelin, épouse de Mr Jacquier ;

    h. Claude Pocquelin, Directeur général des gabelles et des traites (2) en Picardie ;

On trouve dans l'Armorial de cette dernière province, p. 402, n° 386, qu'il portait « *d'argent*

---

(1) *Le sire* Mathurin Brochand, marchand drapier, fut élu second consul de Paris en 1639. — Cette expression de *sire* ne veut pas dire autre chose que le *sieur* moderne.

(2) Notre généalogie ms. le dit Directeur des Fermes.

à cinq arbres de sinople rangés sur une terrasse de mesme; »

i. L'abbé Pocquelin ;

6° N... Pocquelin, femme de M⟨r⟩ Elyot (1) ou Helliot; d'où :

j. N... Elyot ;

k. N... Elyot, femme de M⟨r⟩ Joly, Conseiller de la Cour des Aides ;

7° Marie Pocquelin, mariée à M. Maillet ; ils eurent :

l. N... Maillet, chanoine régulier, curé de Sainte-Madeleine à Rouen ;

m. N... Maillet, trésorier de France en la même ville ;

n. N... Maillet, prêtre de l'Oratoire.

V

Jean-Baptiste Pocquelin, marchand bourgeois de Paris, épousa, en septembre 1649, Anne de Faverolle qui lui donna (2) :

1° Agnès Pocquelin, femme de M. Parassi ;

(1) *Le sire* Jean Helliot, marchand passementier, fut élu second consul à Paris en 1620.

(2) M. Soleirol dit qu'il eut seize enfants : ce Jean a été confondu avec Jean Pocquelin, marié à Marie Maillard, par cet auteur et par M. Taschereau. — V. p. 427.

2º Charles-Henri Pocquelin, qui suivra ;

3º François Pocquelin, né vers 1688, auditeur des Cómptes.

C'est vraisemblablement lui qui, Conseiller référendaire à cette Cour, mourut à Ivry, près Paris, le 11 mai 1772 : il institua héritière universelle sa cousine Marie Pocquelin, née en 1699, épouse (1) de Paul-André Vérany de Varenne, avocat ; l'inventaire, fait à son décès, fut dressé le 18 mai 1772 par Mᵉ Gobert, notaire à Paris.

Jean-Baptiste Pocquelin mourut le 8 septembre 1692 : sa veuve fit officiellement enregistrer les armoiries de sa famille à l'Armorial général de d'Hozier, Reg. I, p. 117, nº 172 : « Anne de Faverolle, Veuve de Jean-Baptiste Poquelin, marchand bourgeois de Paris, porte *d'argent, à cinq arbres de haute futaye de sinople sur une terrasse de mesme.* »

Ces armes, que nous allons retrouver encore, décrites au registre officiel, sont celles des Pocquelin et font allusion évidente aux *forêts* de l'Écosse dont ils sortirent au commencement du xvᵉ siècle.

(1) Taschereau, p. 424.

VI

Charles-Henri Pocquelin, Correcteur des Comptes, épousa Élisa Dandrot et en eut les enfants ci-après :

1º Charles-Thomas Pocquelin, qui formera le septième degré ;

2º Claude Pocquelin, Capitaine d'Infanterie au régiment de Chartres, Chevalier de l'ordre royal et militaire de Saint-Louis, qui fut marié avec Geneviève-Marguerite de Faverolle (1) : cette dernière était veuve en premières noces de Nicolas Huerne, Conseiller du Roi en ses Conseils, Maître ordinaire en sa Chambre des Comptes, et en second mariage de Mathieu Augeard, écuyer, Conseiller secrétaire du Roi, maison et couronne de France, duquel elle avait une fille (2) : Geneviève-Marie Augeard, femme d'Antoine-Nicolas-Marguerite Le Camus (3), brigadier des armées du Roi, ancien Capitaine au régiment des Gardes-françaises, Chevalier de Saint-Louis ;

(1) Elle testa, à Villiers-sur-Orge, le 4 novembre 1776 : son testament olographe fut déposé le 6 mai 1777, le jour même de sa mort.

(2) Acte reçu Rousseau, notaire à Paris, le 30 mai 1778, dans nos archives.

(3) Ancienne famille parisienne issue du *sire* Jean Le Camus, marchand apothicaire et épicier, second consul en 1570 ; — Guillaume Le Camus, marchand orfèvre, fut troisième consul en 1618.

3° Anne-Élisabeth Pocquelin, née en 1705, épouse
de Réné Le Noir, Chevalier, sieur de Verneuil,
Capitaine de Cavalerie; elle mourut, sans enfants, rue de l'Éperon-Saint-André-des-Arcs, à
l'âge de 68 ans, le 24 août 1773;

4° Agnès Pocquelin, restée fille.

VII

Charles-Thomas Pocquelin de Clairville, capitaine
au régiment de Beaujolais-Infanterie, épousa Marie
Lambert (1); il mourut en 1771, laissant une fille
unique, Agnès-Reine, par qui la race des Pocquelin
tomba en quenouille; son article suit.

—————

A. — BRANCHE SUBSTITUÉE DES COURTIN DE NEUFBOURG

VIII

Agnès-Reine Pocquelin de Clairville (2) fut mariée, ainsi qu'il appert de son contrat reçu le 8 no-

(1) *Le sire* Milles Lambert, marchand épicier, fut élu second consul en 1599, et juge l'an 1602.

(2) Comme elle se trouve, après la mort de François Pocquelin,
arrivée le 11 mai 1772, seule représentante du nom de Pocquelin,
et qu'elle perdit son nom par mariage en 1776, Beffara a pu dire,
d'après sa note ms. publiée par M. Taschereau, *que la famille
Pocquelin s'éteignit vers 1780*: il eût écrit *tomba en quenouille*
s'il eût connu la généalogie que nous publions.

vembre 1776 par Deherain, notaire à Paris (1), avec Nicolas-Joseph-Marie Courtin de Neufbourg, Chevalier, seigneur de Riorges, le Tronchy, Chéry, Vèvres et autres lieux, Capitaine de Cavalerie au régiment de Mgr le Duc d'Artois, chevalier de Saint-Louis.

Il était fils (2) de Jean-François Courtin de Neufbourg, écuyer, seigneur de Riorges, de Rilly, Changy, Chavenay et autres places, et de Marie-Claire de Giry de Vaux.

De cette union naquirent deux enfants :

1º Jean-Baptiste (*alias* Élisabeth) Joseph Courtin de Neufbourg, qui formera le neuvième degré ;

2º Anne-Louise Courtin de Neufbourg, mariée, suivant contrat du 26 germinal an VI (15 avril 1798) avec Jean-Philippe-François Buynand des Échelles, fils de Philippe Buynand des Échelles, seigneur en partie de Saint-Germain-d'Ambérieu, et d'Élisabeth Druet de la Jacquetière; d'où :

a. Constant-Charles Buynand des Échelles, décédé à Bourg en Bresse le 21 juin 1860, n'ayant eu qu'une fille, morte à 18 ans ;

(1) Expéd. authentique, dans nos archives.

(2) Les documents qui suivent sont tirés de notre *Histoire ms. de la Curée, de la maison Huë et de ses alliances.*

b. Marie-Joséphine Buynand des Échelles, mariée à Pierre-Joseph-Marie-Gabriel du Marché, qui mourut à Bourg le 13 février 1876 ;

c. Jeanne-Pauline Buynand des Échelles, mariée en premières noces, suivant contrat du 19 août 1820, Savarin, notaire à Poncin, avec Joseph Orset de Châtillon, son grand-oncle, écuyer, seigneur de la baronnie de Châtillon-de-Corneille, Montgriffon, la Verdatière et la Tour des Échelles de Jujurieux ; elle n'eut point d'enfants, n'étant restée sa femme qu'un mois. Après sa mort, elle se remaria, suivant contrat du 14 janvier 1822, Vicaire, notaire à Ambérieu, avec Émile-Joseph Montluzin de Gerlan, fils de défunts Louis-Marguerite Montluzin de Gerlan et de dame Philiberte Prote, et eut de cette union :

Anne-Marie-Victoire Montluzin de Gerlan, mariée, suivant contrat du 23 mai 1842, Suffet, notaire à Bourg, avec Claude-Anatole de Murard, fils du Chevalier Claude-Catherine-Alexandre-François de Murard d'Yvours et de feue Anne-Zoé de Terrasse d'Yvours : leur fils unique, Paul-Alexandre-Maurice de Murard, est mort garçon en 1871.

Agnès-Reine Pocquelin de Clairville décéda à

Paris : le partage de sa succession eut lieu le 31 août 1778.

IX

Jean-Baptiste, dit Élisabeth, Joseph Courtin de Neufbourg, né le 7 janvier 1778, fut marié à Saint-Héand le 30 floréal an IX (20 mai 1801) avec Nicole-Hortense Ravel de Montagny, fille de Claude Ravel, écuyer, baron de Montagny, et de Marie de Challaye.

Sept enfants sont issus de ce mariage, parmi lesquels :

1º Claude-Adonias *dit* Ernest Courtin de Neufbourg, né à Saint-Héand le 12 mars 1802, ancien maire de Saint-Marcel-d'Urfé, qui habite le château des d'Albon avec sa sœur Françoise-Orpha : leur inépuisable charité envers les indigents de ces rudes montagnes leur a acquis une sorte de vénération ; nul n'aura mieux mérité que M. de Neufbourg le beau nom de *Médecin des pauvres*, puisqu'aux soins les plus intelligents et les plus désintéressés, il ajoute le don gratuit des remèdes nécessaires à chaque maladie ;

2º Jean-Baptiste-Ludovic Courtin de Neufbourg, qui suivra ;

3º Gustave-Jean-Baptiste Courtin de Neufbourg, né le 17 mai 1809, religieux de l'ordre des Frères de Saint-Jean-de-Dieu de Lyon, mort à Paris;

4º Aria-Pierrette Courtin de Neufbourg, qui, par son mariage avec M. Huë de la Blanche, a fait souche d'un rameau que nous rapporterons bientôt;

5º Françoise-Orpha Courtin de Neufbourg, née à Riorges, le 28 octobre 1819.

X

Jean-Baptiste-Ludovic Courtin de Neufbourg, né le 8 messidor an XIII-(8 juillet 1805), ex-maire d'Arthun, propriétaire au château de Beauvoir, ancienne résidence des de Rochefort; il a eu de son mariage avec Fleurie-Marie-Caroline Gonon, décédée à Saint-Étienne, le 11 novembre 1847, les deux fils ci-après:

1º Jean-Baptiste Courtin de Neufbourg qui continue;

2º Claude, dit Ernest Courtin de Neufbourg, né le 31 octobre 1840, marié à Marie Sirvanton; d'où: Marie-Louise Courtin de Neufbourg, née le 13 décembre 1866.

XI

Jean-Baptiste Courtin de Neufbourg, né le 31 octobre 1835, ancien maire de Saint-Georges-de-Baroil, propriétaire au château de Vernoil, marié :

En premières noces, le 25 janvier 1859, avec Marie-Laurence Battant de Pommerol, fille de Gabriel Battant de Pommerol et d'Eugénie Chamboduc de Saint-Pulgent, laquelle, décédée le 11 novembre 1860, lui a laissé :

1º Jeanne-Marie-Hortense Courtin de Neufbourg, née le 2 octobre 1859 ;

En second mariage, le 15 janvier 1865, avec Marie-Louise-Élisabeth-Herminie Côte, fille de Marius Côte, banquier à Lyon, et de Claudine-Jeanne-Sabine Grand, également décédée le 10 avril 1875, dont il a :

2º Louis-Jean-Baptiste Courtin de Neufbourg, né le 2 juillet 1866 ;

3º Marie Courtin de Neufbourg, née le 19 août 1870.

B. — RAMEAU DES HUË DE LA BLANCHE

X

Aria, dite Irma-Pierretté Courtin de Neufbourg, née le 15 juillet 1813, a épousé, le 8 mars 1831, Claude-Anne-Victor Huë de la Blanche, ancien maire de Vivans, propriétaire au château de la Curée, fils de Pierre-Mathieu Huë de la Blanche et d'Anne-Victoire Girard de la Vaivre.

De leur union, outre un fils Paul, mort en bas âge, sont issues deux filles :

1° Xavérine-Hortense Huë de la Blanche, née le 12 février 1834, mariée le 21 avril 1857, avec Clément-Edmond Révérend du Mesnil, juge de paix du canton de Saint-Rambert-sur-Loire, membre de plusieurs sociétés savantes, auteur d'ouvrages historiques et nobiliaires, fils de Louis-Gustave Révérend du Mesnil et de Louise-Aline Guyon de Vosloger.

Leurs enfants sont :

a. Victor-Henri Révérend du Mesnil, né le 6 avril 1858 ;

b. Claude-Nicolas-Gustave Révérend du Mesnil, né le 2 mars 1860 ;

c. Marie-Ernestine-Victoire Révérend du Mesnil, née le 14 juin 1861 ;

d. Louise-Jeanne-Irma Révérend du Mesnil, née le 28 janvier 1867 ;

e. Jean-François-Ollivier Révérend du Mesnil, né le 10 juin 1873 ;

f. Jacques-Louis-Marie-Ernest Révérend du Mesnil, né le 19 septembre 1878 ;

2° Anne-Marie-Victoire Huë de la Blanche, née le 14 février 1838, mariée, le 9 septembre 1861, à Jean-Jules Le Conte, ancien maire de Vivans, propriétaire au château de la Curée, fils de Jacques-Jean-Marie-Hubert Le Conte et de Jeanne-Jenny Perier ; d'où :

g. Hubert-Marie-Hortense Le Conte, né le 7 octobre 1862 ;

h. Jean-Ernest Le Conte, né le 29 janvier 1865 ;

i. Marie-Marguerite-Hortense Le Conte, née le 5 juin 1868 ;

j. Marie-Félicie-Françoise-Stéphanie Le Conte, née le 16 août 1875.

DEUXIÈME BRANCHE DES POCQUELIN

IV

Guy Pocquelin, marchand drapier, l'un des juges consuls de la ville de Paris, en 1668, époux de Suzanne Prévost (1), eut le fils qui suit :

V

Pierre Pocquelin, juge consul en 1685 (2), bourgeois de Paris, fit enregistrer à l'*Armorial général de France*, Paris, II, p. 805, n° 640, les armoiries de la famille que le commis de d'Hozier transcrivit

---

(1) Cette antique famille bourgeoise a donné à la ville de Paris: le 6 juin 1418, Noël Prévost, prévôt des marchands ; le 16 août 1558, Pierre Prévost, élu de Paris, échevin et juge consul en 1564 ; en 1575, maître Augustin le Prévost, écrivain du Roy, échevin. — On sait que la noblesse fut accordée, au prévôt des marchands et aux échevins, par un grand nombre d'ordonnances royales, et notamment par Henri III en 1577.

(2) Taschereau, p. 444. — Il est à remarquer que le nom de Pocquelin n'est pas cité antérieurement à ceux que nous avons indiqués.

d'argent, à une forest (1) *de sinople de laquelle sort un cerf au naturel sur une terrasse de sinople.*

Il épousa Marie Suisse et eut d'elle quatre enfants :

1° Pierre-Antoine Pocquelin ;

2° Louis-Claude Pocquelin, l'un des huit valets de chambre de la maison de Mgr le duc d'Orléans, régent du royaume.

D'Hozier enregistra ses armes au tome IV de la Généralité de Paris, p. 135, n° 143 : Louis Pocquelin, valet de chambre de Monsieur, porté (2) *d'azur à un chevron d'or accompagné en chef de deux gerbes de mesme et en pointe d'un rocher d'argent ;*

3° Thomasse-Simone Pocquelin ;

4° Marie Pocquelin, femme de M. de la Fosse (3).

(1) Les cinq arbres sont ici une *forest ;* c'est ce que nous avons toujours pensé, mais ce n'était pas une raison pour que le commis de d'Hozier prît fantaisie d'en faire sortir *un cerf au naturel :* supposons que c'est là *une brisure* pour distinguer la branche cadette de son aînée.

(2) Ces armes ont dû être inscrites *d'office :* elles sont trop *fantaisistes ;* et cependant la mention *porte* indique, d'ordinaire, dans d'Hozier, qu'elles lui ont été *fournies* par la famille; c'était peut-être une originalité de la part du déclarant: ce qui importait au fisc, c'était le paiement du droit de *vingt livres* pour l'enregistrement de chaque armoirie personnelle et non une rigoureuse exactitude dans le blasonnement.

(3) *Le sire* Pierre de la Fosse fut élu troisième consul de Paris en 1570. Cette famille a produit un peintre célèbre, Charles de la Fosse, né vers 1640, fils de l'orfèvre de la Fosse, et, en 1658, Antoine de la Fosse, sieur d'Aubigny, son neveu, poète distingué, qui n'est pas aussi connu qu'il devrait l'être. Sa tragédie de *Manlius* est restée au théâtre; elle a de grandes beautés.

Ils étaient en 1769 (1) représentés par l'abbé de la Fosse, qui fut appelé à la lecture de l'*Éloge de Molière*, mis au concours à l'Académie française, comme représentant la famille avec François Pocquelin, conseiller référendaire à la Cour des Comptes, vieillard plus qu'octogénaire. On sait que le buste du poète fut placé dans l'enceinte avec cette inscription proposée par Sauvain :

Rien ne manque à sa gloire, il manquait à la nôtre.

Le prix fut décerné à Sébastien-Roch Nicolas, dit Champfort, poète et littérateur.

_____

(1) *Mémoires secrets* de Bachaumont, à la date du 25 août 1769.

TROISIÈME BRANCHE

IV

Louis Pocquelin, qui signa le 15 juin 1663 (1), comme administrateur de l'Hôpital de la Charité, une quittance de 500 livres pour un legs fait à cet hôpital, eut pour femme Marie Lempereur (2), et en eut :

1º Anne Pocquelin, femme de Paul Brochand, marchand fournissant les écuries du Roi ;
2º Madeleine Pocquelin, femme de François Gautier, marchand de soie ;
3º Philippe Pocquelin, qui continuera ;
4º Nicolas Pocquelin, chanoine de l'église cathédrale du Mans ;

D'Hozier lui enregistra d'office, Tours, p. 1097,

---

(1). Archives de *l'Assistance publique de la Trinité*, Carton nº 105.

(2) *Le sire* Jean Lempereur, marchand drapier, était premier consul de Paris en 1604 et juge en 1618.

n° 179, les armoiries qui suivent (1), *d'argent,
à la fasce d'azur chargée de trois estoiles d'or ;*

5° Jean Pocquelin, d'abord marchand, puis curé
d'Ossé et de Bérenger, au pays du Maine.

V

Philippe Pocquelin, bourgeois de Paris, directeur
de la Manufacture des glaces (2), épousa Catherine
Rousseau, qui, veuve de lui, fit enregistrer en 1698,
Paris, II, p. 813, n° 638, des armoiries *d'or, à une
touffe d'arbres* (3) *de sinople sur une terrasse de
mesme.*

Elle avait six enfants :

1° Jean-Louis-Pocquelin, religieux de Saint-An-
toine ;

2° Anne-Catherine Pocquelin, femme de Pierre
Tauxier, intendant des fortifications de Picardie ;

D'Hozier lui enregistra, Paris, II, p. 654,
n° 274, les armoiries de son mari : *d'azur, à la
bande d'argent chargée de trois estoiles de gueules ;*

---

(1) Ce sont à peu près les mêmes que celles que d'Hozier donna
à la veuve de Molière.

(2) En 1666, Colbert l'érigea en manufacture royale ; elle se trou-
vait rue de Reuilly.

(3) Variante peu importante : c'est toujours la *forest sur la terrasse.* Le champ est *d'or* au lieu *d'argent :* une brisure, sans doute.

3º Madeleine Pocquelin, femme de Joseph Manessier, seigneur d'Omattes, Conseiller au prési-
dial d'Abbeville ;

Les armoiries des deux époux sont inscrites
au Registre de Picardie, p. 239, nº 16 *bis :
d'argent, à trois hures de sanglier arrachées de
sable 2 et 1*, accolé *d'argent, à une touffe d'arbres
de sinople sur une terrasse de mesme ;*

4º Pierre-François Pocquelin, mort sans enfants;

5º Philippe-Louis Pocquelin, resté garçon, Directeur de la manufacture des glaces ;

6º Marie Pocquelin, femme de M. du Rouvre.

QUATRIÈME BRANCHE, DITE DE MOLIÈRE

IV

Honorable homme Jehan Pocquelin, né en 1595, marchand maître tapissier à Paris, et non « marchand fripier » comme l'a écrit Voltaire, demeurant rue Saint-Honoré, paroisse Saint-Eustache, en 1631, qualifié *tapissier ordinaire de la maison du Roy*.

Son contrat de mariage (1) que reçurent, le 22 février 1621, Jolly et Collé, notaires gardes-notes du Roi en son Châtelet de Paris, nous apprend qu'il était fiancé à Marie de Cressé, fille d'honorable Louis de Cressé (2), aussi marchand bourgeois de Paris, et de Marie Asselin, demeurant au marché aux Poirées.

Les conditions civiles de leur union projetée furent arrêtées en présence, de la part du futur : de Daniel Crespy, marchand plumassier, bourgeois de Paris,

----

(1) Soulié, *Document I*.
(2) *Le sire* Simon de Cressé fut échevin de Paris en 1570, et Laurent Cressé, marchand en ladite ville, quatrième consul la même année.

oncle maternel; de Toussaint Perrier (1), marchand linger à Paris, beau-frère ; honorable homme Martin Gamard (2), maître tailleur d'habits à Paris, aussi beau-frère, et de h^ble femme Claude Le Vasseur, veuve de feu Jean Mazuel, vivant violon ordinaire du Roi, tante par alliance (3) ; — et de la part de la future : de h^ble homme Jean Autissier, juré du Roi en œuvres de maçonnerie, oncle maternel par alliance ; Noël Mestayer, marchand bonnetier à Paris, et h^ble homme Sébastien Asselin, marchand tapissier à Paris, oncles paternels par alliances ; Denise Lescacheux, aïeule maternelle ; Louise Asselin, veuve de feu Simon Lescacheux, tante ; Denis Tostéré, marchand lapidaire, bourgeois de Paris, et de Thomas Dupont, marchand de fer, cousins.

Il n'est pas sans intérêt de remarquer que si, parmi les signatures, on lit deux fois Jehan Pocquelin, puis Marie Cressé, et, pour le père, Louis *de* Cressé, la quittance de dot, devant les mêmes no-

. (1) *Le sire* Guillaume Perrier, marchand de vins, fut quatrième consul en 1616 et juge en 1631 ; — Pierre Perier, bourgeois et marchand, fut prévôt des marchands en 1692.

(2) *Le sire* Michel Gamard, maître apothicaire et épicier, fut second consul en 1610.

(3) Il peut paraître d'abord étonnant que ni Robert, ni Guy, ni Louis Pocquelin, ses frères germains, n'aient assisté à ce mariage, mais il est probable que le convol de leur père, avec Agnès Mazuel, avait refroidi quelque peu les sentiments de famille: d'ailleurs, du second mariage, il ne comparut non plus que deux beaux-frères.
— Pourquoi encore le père et le fils signèrent-ils *Poquelin ?*

taires, la veille du mariage religieux, porte pour le futur Jehan *Pocquelin* et pour le père Jehan *Poquelin;* quoique la future signe Marie Cressé, son père prend la particule (1) et la conserve dans tous les documents (2) où il figure.

Jehan Pocquelin, fiancé le 25 avril 1621, fut marié le surlendemain à Saint-Eustache : il perdit sa femme le 30 mai 1633; elle l'avait rendu père de six enfants :

1° Jean Pocquelin, qui forme le cinquième degré;

2° Loys Pocquelin, baptisé le 6 janvier 1623, mort (3) avant sa mère;

(1) Soulié, p. 12. — On sait que la particule nobiliaire n'a jamais été *caractéristique* de noblesse : il suffit, pour s'en convaincre, de parcourir les anciens terriers où l'on voit à chaque instant les plus roturiers s'appeler Jean du Bois, Pierre de l'Orme, Louis de Beauvais, etc. Cette petite propriété syllabique indiqua un lieu d'origine, plus tard une possession de fief noble ou non ; les préjugés et un sot usage lui ont seuls donné ce faux prestige qu'envient tous ceux qui ne l'ont pas devant leur nom, même en ce temps d'égalité sociale !

(2) L'armorial de d'Hozier offre pour les Cressé la même singularité : on lit en effet pour la même famille :

Généralité de Paris, Reg. I, p. 322, n° 626: Amable Cressé, bourgeois de Paris, porte: *d'azur, à un chevron d'or surmonté d'un croissant d'argent, accompagné de deux estoiles de mesme en chef et en pointe d'un cerf d'or;* — f° 393, n° 863: Charles *de* Cressé, bourgeois de Paris : *d'azur, à un chevron d'or accompagné en chef de deux estoiles de mesme et en pointe d'un lyon aussi d'or;* — f° 644, n° 943 : Pierre Cressé, docteur en médecine: *d'azur, à un chevron d'or accompagné en chef de deux croissants d'argent et en pointe d'un poisson de mesme couché en fasce.*

(3) Beffara, p. 6.

3º Jean Pocquelin dit *le jeune*, baptisé le 1ᵉʳ octobre 1624 (1), qui tenait sa boutique de marchand tapissier sous les piliers des Halles « où souloit estre pour enseigne l'image de Saint-Christophe, » lorsque son père lui eut cédé son fonds (2) le 14 septembre 1654, devant Le Sémelier et Buon, notaires ; il se disait tapissier valet de chambre ordinaire de la Reine en 1655 et il habitait la rue du Cygne.

Le 15 janvier 1656 (3), Buon et Colas, notaires au Châtelet, reçurent les conventions de son mariage avec Marie Maillard, alors orpheline, fille unique de feus Eutrope Maillard et de Perrette Guilminaut. Furent présents pour le futur : honorable homme Jean Pocquelin le père, aussi marchand tapissier à Paris et tapissier valet de chambre du Roi ; André Boudet, marchand tapissier à Paris ; Louis Cressé, aussi marchand tapissier à Paris, oncle maternel ; Richard, aussi marchand tapissier à Paris ; Berger, bourgeois de Paris, et Chevallier, bourgeois de Paris, alliés ; Claude Ticquet, marchand, *demeurant à Beauvais ;* — et pour la future : dame Chrétienne

___

(1) Beffara, généal. Auger, commet une erreur que rectifient les énonciations de l'inventaire de 1656, ci-après.

(2) Soulié, *Doc.* XXIV. — Son père lui avait loué cette maison 600 livres par an.

(3) Soulié, *Doc.* XXVII.

Bailly, veuve de défunt Me Mathieu Bourlon, vivant conseiller du Roi, maître ordinaire en la chambre des Comptes de Paris; Mre Charles Bourlon, Évêque de Césarée, Coadjuteur de Soissons; Me Nicolas Bourlon, Conseiller du Roi en sa Cour du Parlement de Paris; dame Charlotte Bourlon, veuve de feu Me Jean Jolly, sieur de Fleury, Conseiller du Roi en son grand Conseil; Me Claude Prevost, Conseiller du Roi et grenetier au grenier à sel de Paris, amis... et le Sr Guilminaut, Anne Bénard, sa femme (sic), oncle maternel; Nicolas Maillard, bourgeois de Paris, frère; Pierre Marchand, tapissier à Paris, cousin paternel; Jean Chevallier, marchand à Paris, cousin germain maternel de la future.

Parmi les signatures, on lit Pocquelin et J. Pocquelin.

Jean Pocquelin acheta, le 30 septembre 1633, « la maison sous les piliers des Halles, devant le Pilori, où extérieurement souloit pendre pour enseigne l'image de Saint Christophe et fut l'habiter » : il y mourut le 6 avril 1660 (1), à l'âge de 35 ans, laissant un fils :

a. Jean-Baptiste Pocquelin, avocat en Parlement, demeurant à Paris, rue de la Truanderie en 1695, puis rue Beaurepaire en 1711 : de

---

(1) Beffara, gén. Auger.

sa femme, dont le nom ne nous est pas connu, il eut deux filles :

aa. L'une, mariée à Pierre Chapuis, bourgeois de Paris (1), qui se livra au commerce du Levant : elle reçut, dans le testament de Claude de Montalant, son cousin germain par alliance, une action et trois dixièmes d'action de la Compagnie des Indes ;

bb. L'autre, mad^{elle} Pocquelin, restée fille comme appert du même testament.

4º Marie Pocquelin, baptisée le 10 août 1625 ; morte avant sa mère ;

5º Nicolas Pocquelin, baptisé le 13 juillet 1627, tapissier ordinaire du Roi, office qu'il résigna en 1631 en faveur de son frère Jean Pocquelin le jeune ; il habitait rue de Seine, faubourg Saint-Honoré ;

6º Marie dite Magdeleine Pocquelin, baptisée le 13 juin 1628, mariée, suivant contrat du 14 janvier 1651 (2), reçu Buon et Parque, notaires au

---

(1) M. Soulié, *Doc.* LXII, cite un *Album* et *Memorandum* du xviie siècle, où Gilles Macé, négociant à Marseille, écrivait : « *Du dimanche sept de Mars 1655, Jean Poquelin à Paris est venu demeurer aueq moy en payant pension telle que je reygleray qui sera deuz centz liures.* » — Parmi les jeunes gens qui vinrent chez le même, de 1633 à 1654, pour *apprendre la vertu et vocation ou pour y manger ou pour y seruir au contouer*, est le *petit Chapuys,* à 200 livres de pension.

(2) Soulié, *Doc.* XXXVII.

Châtelet, avec André Boudet, marchand tapissier, bourgeois de Paris, y demeurant sous les piliers des Halles; à sa mort, elle avait deux enfants :

b. André Boudet, qui fut lieutenant à Cayenne dans une Compagnie de Milice : en 1695, il était bourgeois de Paris et habitait avec son frère au Cloître et paroisse de Saint-Jacques de l'Hôpital, lorsqu'ils louèrent avec leur oncle, Jean-Baptiste Pocquelin, avocat en Parlement, leur maison sous les piliers des Halles, à l'enseigne de Saint Christophe ;

c. Jean-Baptiste Boudet, bourgeois de Paris, habitant avec son frère en 1700 au faubourg Saint-Honoré, paroisse de la Madeleine ; il décéda avant 1711.

Marie Cressé mourut en mai 1632, âgée de 31 ans : inventaire fut dressé les 19 et 31 janvier 1633 par Jolly et Collé, notaires gardes-notes au Châtelet de Paris, en présence de honorable Louis de Cressé l'aîné, marchand tapissier, aïeul maternel et subrogé tuteur de ses enfants mineurs (1) qui y sont dénommés : Jean, âgé de onze ans; autre Jean, âgé de huit

---

(1) S'il eût eu, comme le dit Beffara, un autre fils du nom de Robert, né en 1630, ce Robert figurerait nécessairement comme mineur, âgé de trois ans ; c'est la preuve que notre auteur ignorait les autres branches : il rapportait tout aux aïeux de Molière ou à ses frères.

ans; Nicolas, âgé de six ans, et Madeleine Pocquelin, âgée de cinq ans.

L'estimation du mobilier fut faite par François Rozon, sergent à verge, juré priseur vendeur de biens de cette ville, prévôté et vicomté de Paris, et par hon^ble homme Louis Cressé le jeune, marchand tapissier, bourgeois de Paris, y demeurant.

L'intitulé de l'acte est signé J. Pocquelin, Louys de Cressé et Louys de Cressé le jeune, etc.

A la description des titres et papiers figurent les lettres de provision, accordées par Sa Majesté, de l'office de *tapissier ordinaire du Roy* (1), le 22 avril 1631, signées LOUIS, et plus bas de Loménie; la prestation de serment, du 24 avril au dit an, aux mains de Mgr Jean de Souvre; la procuration *ad resignandum*, par Nicolas Pocquelin, passée au profit de Jean Pocquelin, son frère aîné, par devant Turgis et Morel, notaires au Châtelet, le 2 avril 1631, etc.

Jehan Pocquelin, veuf de Marie Cressé, se remaria le 30 mai 1633 (2) à Catherine Fleurette (3), fille de honorable homme Eustache Fleurette et de De-

(1) Son service se faisait par quartier, c'est-à-dire pendant trois mois de l'année, en avril, mai et juin, ainsi que l'indiquent deux certificats y énoncés.

(2) Beffara, p. 7.

(3) M. Loiseleur assure que cette femme, qui fut pour Molière la plus dure des marâtres, a été dépeinte sous les traits de *Béline* dans le *Malade imaginaire*.

nise Foubert, demeurant rue de la Coutellerie, paroisse Saint-Mederic, qui mourut de couches le 12 novembre 1636 (1), laissant deux filles :

7° Catherine Pocquelin, baptisée le 15 mars 1634, entrée au couvent des religieuses Sainte-Marie de Montargis, ainsi que l'indique la transaction, passée le 15 janvier 1655, devant Buon et Le Roy, notaires au Châtelet de Paris, entre Jean Pocquelin père et Antoine Fleurette, marchand de fer, bourgeois de Paris, Christophe Fleurette, marchand et bourgeois de Paris, Jacques Berger, aussi marchand de fer, et Marguerite Fleurette, sa femme, à l'effet de payer, au dit couvent, la somme de 5,000 livres pour sa dot, Catherine étant à la veille de faire sa profession de religieuse ;

L'acte est encore signé J. Pocquelin.

8° Marguerite Pocquelin, née le 15 novembre 1636 (2), qui ne survécut que quelques jours à sa mère.

Jehan Pocquelin mourut le 25 février 1669 dans la maison des piliers des Halles, qu'il avait rachetée par sentence de décret du Châtelet de Paris du

_____

(1) Si cette date est vraie et que Marguerite soit *née* le 15 novembre 1636, elle vint au monde à l'aide d'*une opération césarienne*. On sait, du reste, qu'au XVIIᵉ siècle, cette opération était encore fort à la mode, quoique réussissant très rarement.

(2) Taschereau, p. 427.

1er avril 1634, et qui avait été, à son insu, sous le nom (1) du célèbre « professeur ès mathématiques » Jacques Rohault, reconstruite des deniers de son fils *le Comédien,* celui que dans ses comptes (2) il appelle amèrement, lui aussi, « Monsieur Molière. »

Inventaire fut dressé le 14 avril 1670 par les notaires du Châtelet, Gigault et Buon, à la requête du sieur Jean-Baptiste Pocquelin Molière, tapissier et valet de chambre du Roi, demeurant à Paris, rue Saint-Thomas-du-Louvre ; sieur André Boudet, marchand tapissier bourgeois de Paris, y demeurant sous les piliers de la Tonnellerie, tuteur d'André et Jean Boudet, enfants mineurs de lui et de Marie-Madeleine Pocquelin, sa femme, et de Marie Maillard, veuve de défunt sieur Jean Pocquelin, vivant aussi marchand tapissier, bourgeois de Paris, y demeurant, rue du Cygne, tutrice de Jean-Baptiste Pocquelin, fils mineur dudit défunt et d'elle, habiles à se porter héritiers de Jean Pocquelin père, décédé, veuf de Marie Cressé, le 25 février 1669.

---

(1) Pour le payer de ses avances, Jean Pocquelin lui constitua 500 livres de rente par acte du 4 janvier 1667, Le Semelier et Buon, notaires ; mais Jacques Rohault fournit déclaration le 31 août 1668, devant Lenormand et Gigault, notaires, que cette rente appartenait à Molière, dont il n'avait été que le prête-nom.

(2) Soulié, p. 65. — Cette maison a été démolie lors du percement de la rue Rambuteau ; elle avait déjà été incendiée en partie le 12 juillet 1705.

V

Jean Pocquelin, né dans la maison des Singes (1), où demeuraient alors ses parents, fut baptisé en l'église Saint-Eustache le 15 janvier 1622 (2).

Catherine Fleurette, seconde femme de son père, fut si dure pour lui qu'on n'osa, de son vivant, le mettre au collège; mais dès qu'elle eut rendu sa rude âme à Dieu, il fut placé, chez les Jésuites (3), au collège de Clermont (depuis Louis-le-Grand), où il fit des progrès tels, grâce aux heureuses dispositions

---

(1) Loiseleur, p. 22. — Soulié écrit *maison des Cinges,* à cause d'une très ancienne sculpture qui la décorait (?). — Ce fut le 13 brumaire an VIII (4 novembre 1799) qu'on plaça une inscription en marbre blanc sur l'ancienne maison rue de la Tonnellerie. Elle est doublement erronée, étant conçue comme suit :

JEAN-BAPTISTE POCQUELIN DE MOLIÈRE EST NÉ DANS CETTE MAISON
EN 1620.

Elle aurait dû être mise sur la maison de la rue Saint-Honoré portant aujourd'hui le n° 96.

(2) Beffara, p. 6. — On a voulu contester que ce Jean Pocquelin fût Molière, mais les termes de l'inventaire de 1633, au décès de Marie Cressé, ne peuvent laisser aucun doute à cet égard. De plus, certains critiques n'ont-ils pas ajouté que *cet acte n'étant qu'un acte de baptême, on ne saura jamais quel jour est né Molière !* Regret stérile, car d'ordinaire, lorsque le baptême n'a pas lieu le jour même de la naissance, l'acte porte *né d'hier, né du...*

(3) Tallemant des Réaux, dans ses *Historiettes,* avance que « destiné par ses parents à l'état ecclésiastique, il étudia avec succès la théologie, mais que ce furent les beaux yeux de la Béjard qui l'en détournèrent !... »

dont la nature l'avait doué, qu'en 1641 il était en rhétorique : au mois d'août de ladite année, il quitta ses bons maîtres, ayant eu pour condisciples le prince de Conti, Chapelle et Bernier, et pour professeur Gassendi, qui lui inculqua les doctrines d'Épicure. Il fut ensuite à la Sorbonne étudier la théologie et le droit canon, et comme on voulait en faire un avocat, il alla à Orléans et s'y fit bientôt recevoir (1) licencié en droit civil.

Ces graves études ne l'avaient pas empêché d'apprendre la profession de tapissier qu'exerçait son père : sans cet apprentissage obligé, il n'eût pu certainement être, par lettres signées Louis, le 14 décembre 1637 (2), reçu survivancier en l'office de tapissier valet de chambre du Roi, prêter serment le 18 du même mois, ni exercer cette charge comme il le fit, au moins durant treize années, depuis la mort de son frère arrivée en 1660 jusqu'en 1673 (3), date de son propre décès.

Jean Pocquelin plaida-t-il jamais? c'est fort douteux puisque, si l'on en croit un auteur, « il ne fut

(1) Grimarest affirme qu'il le tenait de la famille même.

(2) Soulié, *Doc*. XLV, cote 10.

(3) Dans un titre communiqué à M. Loiseleur par un érudit, M. Parent du Rozan, on lit : « *Menus plaisirs, 1664* : à Jean Pocquelin et à Pierre Nauroy, tapissiers et valets de chambre du Roy, pour menues fournitures par eux faites pendant le quartier de janvier, pour ce..... LXXV livres. »

au palais qu'une fois seulement (1). » C'est que malgré l'attrait que pouvait offrir à son esprit si délié la
noble indépendance de cette profession, son goût
naturel n'était point aux questions ardues du droit ni
aux subtilités multiples de la chicane. De secrets instincts l'appelaient vers une toute autre carrière, dont
l'amour, au dire de Grimarest (2), lui avait été inspiré
dès l'enfance par son grand-père, Louis de Cressé,
qui aimait passionnément la comédie « et y menoit
souvent le petit Poquelin à l'hôtel de Bourgogne. »

Mais il allait rencontrer, en obéissant à sa véritable
vocation, la plus forte opposition dans sa famille : on
rougissait à cette époque de l'humble métier de comédien !

L'un de ses contemporains, Charles Perrault, nous
a transmis, dans ses *Hommes Illustres* (3), le souvenir
des vives sollicitations et des promesses séduisantes
qui lui furent alors faites, à l'instigation des Pocque-

(1) La Béjard le reproche à *Élomire*. Voy. sur ce nom la note 1
de la page 46.

(2) *Vie de Molière*, p. 7.

(3) P. 79. — Cet auteur ajoute que « bien loin que le maître
lui persuadât de quitter la profession de comédien, le jeune Molière
lui persuada d'embrasser la même profession. »

On s'étonne dès lors que Bayle, dans son *Dictionnaire historique et critique* publié en 1710, ait écrit : « *Bien des gens*
m'ont assuré qu'il ne se fit comédien que pour être auprès d'une
comédienne dont il était devenu fort amoureux. Il laisse à deviner
si l'on s'est tu parce que cela n'est pas véritable ou de peur de lui
faire du mal. »

lin, ses parents, par plusieurs de ses amis intimes,
afin de l'amener à renoncer à son dangereux dessein.
Son ancien maître de pension lui représenta « qu'il
perdoit entièrement l'honneur de la famille, qu'il
plongeoit ses parents dans de douloureux déplaisirs,
et qu'enfin il risquoit son salut d'embrasser une profession contre les bonnes mœurs et condamnée par
l'Église... » Mais que pouvaient ces observations,
justes sans doute pour l'époque où elles étaient faites,
contre cette voix secrète qui l'appelait sur le chemin
de l'Immortalité? Rien n'y fit : le jeune Pocquelin
voulut être comédien.

Pour ménager d'étranges susceptibilités, il changea
publiquement son nom en celui de (1) JEAN-BAP-
TISTE POCQUELIN, et, vers la fin de 1642, il entra
dans la *Société des Enfants de Famille,* qui jouaient
gratis et qu'il fit assez forts pour aborder la scène
publique : ils se constituèrent, aux fossés de la Tour
de Nesle, sous la dénomination de l'*Illustre Théâtre*:
six mois après, il en était le chef.

(1) Il est à remarquer que dans l'acte du second mariage de sa
veuve, le 31 mai 1677, il est dit *Jean* Pocquelin et non *Jean-
Baptiste.* — Voy. aux *Pièces justificatives.*
L'abbé Adrien de la Roque, dans la *Vie de Jean Racine,* pré-
cédant les *Lettres inédites de Jean et Louis Racine,* 1862,
p. 14 et 166, remarque que Jean Racine, connu sous ce seul pré-
nom, porte dans son épitaphe rédigée par Boileau : « Jean-Baptiste
Racine. » Ce dernier, parrain de Jeanne-Thérèse Ollivier, baptisée
en l'église Notre-Dame-d'Auteuil, le 12 mai 1668, signa *Jean
Racine de l'Espinay.*

Une obligation en date du 31 mars 1645 reçue par Collas et Manchon, notaires au Châtelet, nous montre Jean-Baptiste Pocquelin se qualifiant de SIEUR DE MOLIÈRE (1). Cette nouvelle appellation n'était pas un nom de théâtre : c'était une satisfaction donnée par lui (2) à tous les siens, qui pouvaient le désavouer sous cette nouvelle désignation.

Ce nom de Molière a donné lieu à de nombreux commentaires : on a invoqué le souvenir du romancier François de Molière, sieur d'Essertine, mort assassiné en 1623, auteur de *Polixène*, ouvrage alors en grande réputation ; on a cité un danseur poète et musicien en vogue à cette époque à la cour de France, où on l'appelait *le fameux Molière*, quoiqu'il se nommât réellement Louis de Mollier ; au reste, il disparut complètement quand Jean-Baptiste Pocquelin commença, en 1664, à écrire ses ballets, et mourut à Paris, inaperçu, « le 18 avril 1688, ayant marié sa fille, Marie-Blanche, au sieur Ytier, musicien comme lui et ayant même emploi dans la maison royale. »

---

(1) M. Taschereau, p. 341, dit que « la qualification de *sieur de* n'appartenait qu'aux gentilshommes, tout au moins écuyers. » Il y a là, selon nous, une erreur. Cette qualification s'appliquait plus spécialement au possesseur d'un fief sans justice, noble ou *roturier*; celle de *seigneur* indiquait le fief noble ayant droit de justice.

(2) Ce dédain, il faut le dire, pour les comédiens subsista longtemps encore après que Molière, par ses succès brillants, eut *anobli* pour ainsi dire cette humble profession.

Quant à nous, nous nous refusons à croire que notre Molière, « celui qui ne faisait pas de la musique » et est demeuré *le fameux*, le fit par folle vanité, changeant, sans motif sérieux, son nom comme il le dit plus tard,

Pour en vouloir prendre un bâti sur des chimères.

Nous croyons qu'il obéit à une sorte d'usage de son siècle, celui d'indiquer par là une possession terrienne : il voulait montrer qu'il était *sieur*, c'est-à-dire possesseur à Molière (1) de Sérans en Beauvoisis, pays adoptif dès anciens Pocquelin venus d'Écosse, sous le commandement d'Archibald Douglas, comme auxiliaires du roi Charles VII.

Quoi qu'il en soit, il sut, par son génie, donner droit de bourgeoisie à ce nom terrien, et la postérité a consacré ce surnom de Molière devenu si populaire et sous lequel seul il est à peu près universellement connu.

Le 28 décembre 1643 (2), il était au nombre des comédiens qui se préparaient à jouer dans le *Jeu de paume des Métayer* (3), près la Tour de Nesle. La

(1) Le *Dictionnaire des Postes* cite huit localités du nom de Molière, huit autres appelées La Molière et onze nommées Mollières ; dans l'arrondissement de Rambouillet (Seine-et-Oise), la commune des Molières, 507 habitants, et deux hameaux dans les communes des Essarts-le-Roi et de la Villeneuve-la-Chévrie.

(2) Soulié, p. 28.

(3) Du nom de ses propriétaires, Nicolas et Louis Métayer, fils de Martin Métayer, maître paumier.

séparation d'avec sa famille est dès lors complète : il court à ses destinées, se liant de plus en plus aux Béjard (1), qui allaient exercer, sur sa vie, la plus décisive influence.

Il ne saurait entrer dans le cadre restreint que nous avons adopté l'obligation pour nous de dépeindre ses pérégrinations en province (2), où, de 1646 à 1650, il essaya ses forces avec ses associés de l'Illustre Théâtre, non plus que son retour à Paris avec la nouvelle troupe qu'il forma et conduisit à Lyon (3), à Dijon, à Montbrison, etc. : nous renvoyons aux nombreux biographes (4) qui ont raconté ses voyages, et notamment à M. Loiseleur, qui s'est principalement attaché à élucider les *points obscurs de sa vie*.

Le 14 septembre 1654 (5), il acceptait, à Paris, la cession que lui faisait son père, devant Le Semelier et Buon, notaires au Châtelet, de son office de tapis-

---

(1) Soulié, p. 30.

(2) A Avignon, Molière fit connaissance de Pierre Mignard, qui revenait d'Italie. Ils commencèrent là une amitié qui dura jusqu'à la mort du premier. Le grand peintre a laissé un fort beau portrait de son ami.

(3) Ce fut pendant son séjour à Lyon que Molière joua la tragédie d'*Irène*, de l'avocat Claude Basset. — *Mémoires lus à la Sorbonne en 1865*, p. 258.

(4) Citons spécialement, comme ayant trait à nos contrées, l'excellent livre de notre confrère de la Société littéraire, historique et archéologique de Lyon : *Les origines du théâtre de Lyon*, par M. Brouchoud, avocat.

(5) Soulié, *Doc.* XXIV.

sier valet de chambre du Roi : ils signèrent Pocquelin
et J. Pocquelin.

Le 3 novembre 1658 (1), il s'établissait définitive-
ment à Paris, avec ses associés, au Théâtre du Petit-
Bourbon (2) sous le titre de *Troupe de* MONSIEUR.

Depuis lors, ce ne fut pour cet homme célèbre, qui
si bien critiqua nos vices et châtia nos ridicules,
qu'une longue suite de succès qui ont immortalisé le
nom de Molière et que nul n'a mieux appréciés que
Cailhava dans ses *Études*, publiées en 1802. Qu'il
nous suffise de rappeler les titres de ses principales
pièces, avec l'indication, d'après les recherches les
plus récentes, des dates où elles furent jouées pour
la première fois, savoir :

L'Étourdi, janvier 1653, à Lyon ;
Le Dépit amoureux, 6 décembre 1656, Béziers ;
Les Précieuses ridicules, novembre 1659, Paris ;
Le Cocu imaginaire, 28 mai 1660, Paris ;
L'ÉCOLE DES MARIS, 24 juin 1661, Paris ;
Les Fâcheux, 16 août 1661, Vaux ;
L'École des Femmes, 26 décembre 1662, Paris ;
La Critique de l'École des Femmes, 1er juin 1663,
 Paris ;
L'Impromptu de Versailles, 14 octobre 1663, Ver-
 sailles ;

(1) Soulié, p. 55.
(2) Cailhava, p. 10, nous apprend qu'il occupait le terrain où se
trouve aujourd'hui la façade du Louvre.

Le TARTUFFE, 12 mai 1664, Versailles;

Le MISANTHROPE, 4 juin 1666, Paris;

Le Médecin malgré lui, 9 août 1666, Paris;

L'AVARE, février 1668, Paris;

Georges Dandin, 18 juillet 1668, Versailles;

Le Bourgeois Gentilhomme, 14 octobre 1670, Chambord;

Les Fourberies de Scapin, 24 mai 1671, Paris;

Psyché, ballet, 24 juillet 1671, Paris;

Les Femmes Savantes, 11 mars 1672, Paris;

Le MALADE IMAGINAIRE, 10 février 1673, Paris.

Ces pièces, que nous rappelons, sont dans toutes les mémoires avec le nom du grand génie, du philosophe honnête et du poète comique sans rival, qui les composa et les joua lui-même aux acclamations de la plus brillante cour du monde; mais ce qu'on ne sait pas assez, pour les flétrir comme ils le méritent, ce sont les titres de ces ouvrages, œuvres de haine et d'envie, qui furent composés pour attenter à sa réputation et à son honneur : l'un à Paris, *Élomire hypocondre* (1), *ou les Médecins vengés*, par un inconnu se disant Le Boulanger de Chalussay, et l'autre à Francfort (2), *la Fameuse Comédienne*, libelle ordurier que son auteur n'osa signer!... et encore, contre

(1) Anagramme du mot Molière. — *Élomire* fut publié en 1670, in-12.

(2) En 1688.

sa femme, les *Avantures ou Mémoires de la Vie d'Henriette Sylvie de Molière*, roman autobiographique édité à Paris par le libraire Charles Guillaume, comme l'indique le privilège à la fin, mais sous la rubrique d'Amsterdam, 1771 : cet ouvrage ridicule, plus que médiocre, est attribué à d'Alègre.

Molière fit dresser le 22 janvier 1662 (1), devant Ogier et Paris, notaires au Châtelet, les conditions civiles de son mariage; les parties y sont dénommées, d'une part : Jean-Baptiste Pocquelin de Molière, demeurant à Paris, rue Saint-Thomas du Louvre ; d'autre part : damoiselle Marie Hervé, veuve de feu Joseph Béjard (2), vivant écuyer, sieur de Belleville, demeurant à Paris, dans la place du Palais-Royal, stipulant en cette partie pour damoiselle Armande-Grésinde-Claire-Élisabeth Béjard, sa fille, et dudit défunt sieur de Belleville, âgée de vingt ans ou environ.

Furent présents à l'acte, pour le futur : Sieur Jean Pocquelin, père, tapissier et valet de chambre du

---

(1) Soulié, *Doc.* XXX et XLV.

(2) Joseph Béjard, d'abord procureur au Châtelet, était devenu huissier des Eaux et Forêts de France à la Table de Marbre, et s'était marié, le 6 octobre 1615, avec Marie Hervé, dont il eut onze à douze enfants, sur lesquels cinq lui survécurent. L'aîné, comédien, Joseph Béjard, a laissé un *Recueil des titres, qualités, blasons et armoiries des prélats et barons des États du Languedoc tenus en 1654*, Lyon, 1655-57.

Roi (1), et sieur André Boudet, marchand, bourgeois
de Paris, beau-frère, à cause de damoiselle Marie
Pocquelin, sa femme ; et de la part de la future : damoiselle Madeleine Béjard, fille usante et jouissante
de ses biens et droits, sœur de ladite damoiselle, et
Louis Béjard, son frère; demeurant avec ladite damoiselle leur mère, dans ladite place du Palais-Royal.

Cet acte est encore signé par le père J. Pocquelin
et par son fils J.-B. Pocquelin Molière.

Le mariage de Molière avec Armande Béjard fut
célébré à Saint-Germain-l'Auxerrois le 20 février
1662 (2).

(1) Le père de Molière est seul de tous les Pocquelin. Les autres
rougissaient encore du comédien !...

La future avait pour frère Louis Béjard, qualifié écuyer, ingénieur
ordinaire du Roi, dans un acte du 12 mai 1672;

Et pour sœurs : Geneviève Béjard, aussi absente, laquelle se
maria deux ans plus tard, âgée de 40 ans, le 25 novembre 1664, à
Léonard de Loménie, sieur de Vilaubrun, bourgeois de Limoges, et
le 15 septembre 1672, veuve de lui, avec Jean-Baptiste Aubry,
sieur des Carrières, paveur ordinaire des bâtiments du Roi, demeurant rue Champ-Fleury, paroisse S¹-Germain-l'Auxerrois';

Et encore : Madeleine Béjard, dont avait été tuteur Simon Courtin,
bourgeois de Paris, qui fut la *maîtresse* de messire Esprit Raymond,
comte de Moirmoron, comte de Modène, chambellan de Gaston,
duc d'Orléans, demeurant place du Palais-Royal. De leur union
naquit, le 3 juillet 1638, une fille nommée *Françoise*, dont nous
ignorons la destinée.

Madeleine Béjard testa, le 9 janvier 1672, devant Ogier et Moufle,
notaires. Elle élit sa sépulture dans l'église de S¹-Paul, « où sa
famille a droit de sépulture, » lègue à Louis Béjard, son frère, à
Geneviève, à Grésinde, ses sœurs, et fait légataire Esprit-Madeleine
Pocquelin, sa nièce.

(2) Beffara, p. 7.

Le caractère léger et vaniteux de cette dernière fut pour son mari une cause de chagrins domestiques, au milieu desquels il conserva sa fidélité et sa tendresse pour son épouse, qu'il ne put ramener à lui que deux ans avant sa mort.

Molière eut d'elle trois enfants :

1º Louis Pocquelin, né le 19 janvier 1664.

Les nombreux envieux de sa gloire naissante ne craignirent pas de répandre sur son union les plus noires calomnies : on préfendit qu'il avait épousé sa propre fille (1), l'enfant de sa maîtresse Madeleine Béjard!... Le roi Louis XIV, qui aimait et appréciait Molière, voulut alors être le parrain du nouveau-né afin de faire taire ces obscurs calomniateurs. L'acte de baptême, transcrit sur les registres de la paroisse de Saint-Germain-l'Auxerrois (2), constate que l'enfant fut « présenté par Charles, duc de Créqui et gentilhomme ordinaire du Roy, tenant pour Louis quatorziesme, Roy de France et de Navarre, et par Colombe le Charron, épouse de M. Cæsar de Choiseul, maréchal du Plessis-Praslin, dame d'honneur de Madame, tenante pour Madame Henriette d'Angleterre, duchesse d'Orléans. »

(1) « Imputation infâme, dit M. Aimé-Martin (*Vie de Molière,* p. xxiv), à laquelle Molière ne daigna jamais répondre ! »

(2) Beffara, p. 14. — Voltaire, dans sa *Vie de Molière*, écrite en 1734, fait remarquer « qu'on prouva que Molière n'avait connu la mère qu'après la naissance de la fille. »

D'aussi augustes répondants n'empêchèrent Louis Pocquelin de trépasser le 11 novembre suivant. Il fut inhumé (1) à Saint-Germain-l'Auxerrois;

   2° Esprit-Madeleine Pocquelin, née le 4 août 1665, à qui nous consacrerons le dernier degré de cette généalogie;

   3° Pierre-Jean-Baptiste-Armand Pocquelin de Molière, né le 15 septembre 1672, baptisé le 1er octobre suivant (2); il mourut le 11 du même mois, et fut inhumé en l'église Saint-Eustache (3), en présence de Boudet et Aubry, ses oncles.

Depuis 1665, la troupe de Molière s'appelait *Troupe du Roy*. Son succès ne se démentait pas; elle était attachée à la personne de Sa Majesté avec 7,000 livres de pension (4), et son directeur était personnellement pensionné sur la cassette royale, ainsi que l'indique un rôle de pensions aux hommes de lettres établi en 1663 (5), où se lit cette mention:

(1) M. Soulié, p. 59, cite cet acte que lui a communiqué M. Parent de Rosan.

(2) Pierre Boileau-Puymorin, frère de Boileau Despréaux, fut son parrain, et Catherine Mignard, fille du célèbre peintre Pierre Mignard, dit *le Romain*, et depuis comtesse de Feuquières, sa marraine.

(3) Grimarest, p. 291.

(4) Taschereau, *Notes*, p. 427.

(5) Sur ce même état figurent « Pierre Corneille, premier poète dramatique du monde, pour 2,000 livres, et Racine, poète français, 800 livres. » — Taschereau, p. 373.

« Le sieur Molière, excellent poète comique, 1000 livres. » Aussi, lorsque Louis XIV s'avisa, un jour,
de demander à Boileau quel était le plus grand écrivain de son siècle, le satirique n'hésita pas à répondre : « Sire, c'est Molière. — Je ne le croyais
» pas, » répliqua le Roi, « mais vous vous y connaissez
» mieux que moi. » Cette conversation ne fait-elle pas
également honneur aux deux interlocuteurs?

C'était l'apogée de sa gloire : un événement im-
prévu vint alors enlever à la France, qui l'admirait,
le comédien illustre que personne depuis n'a rem-
placé. Le vendredi 17 février 1673, à la suite d'un
effort violent sur le mot *juro*, dans la cérémonie du
Malade imaginaire, dont il n'avait voulu, déjà très
fatigué, renvoyer la représentation, « de peur, di-
sait-il, de faire perdre la journée à ceux qu'il em-
ployait,» on le transporta dans la loge de l'acteur.
Baron, puis chez lui, rue de Richelieu, où il expira,
à dix heures du soir, assisté (1) à ses derniers mo-
ments par deux religieuses du couvent de Sainte-
Claire d'Annecy (2), qui avaient trouvé chez lui,
comme quêteuses, l'accueil le plus hospitalier.

Le curé de Saint-Eustache, très embarrassé du
cas, « un comédien frappé de mort au sortir de la

(1) Voltaire, *Vie de Molière*, p. 73.
(2) Loiseleur, p. 341.

scène (1), » lui refusa la sépulture ecclésiastique. Madame Molière courut se jeter aux pieds de Sa Majesté, se plaindre de l'injure ; le Roi la renvoya à Mgr du Harlay de Champval, Archevêque de Paris, auquel elle présenta une requête (2) qui a été conservée, et dans laquelle elle s'appuie sur ce que « Molière est mort en bon chrétien,... et que M. Bernard, prêtre habitué en l'église Saint-Germain, lui a administré ses Pâques l'an dernier... » L'inhumation religieuse fut alors permise par le « prélat plus que mondain », mais sans pompe, avec défense aux Curés et Religieux du diocèse de faire aucun service pour lui.

L'enterrement fut fait par deux prêtres qui accompagnèrent le corps sans chanter, et le Curé de Saint-Eustache, évitant de rappeler la profession de comédien du Roi que Molière avait si bien anoblie, écrivit sur le registre paroissial : « Le mardy vingt uniesme (février 1673), deffunt Jean-Baptiste Poquelin de Molière, tapissier, vallet de chambre ordinaire du Roy, demeurant rue de Richelieu, proche l'Académie des Pintres, décédé le dix septiesme du présent mois, a esté inhumé au cimetière de Saint-Joseph. »

(1) Bazin, *Notes historiques sur la vie de Molière*, 1851, p. 97 : « Le scrupule pouvait être sincère, car le cas était probablement inouï. »

(2) Cette pièce a été publiée pour la première fois en 1800, dans le *Conservateur*, recueil de morceaux inédits tirés du portefeuille de M. François de Neufchateau.

L'inventaire de sa succession fut dressé, les 13-20 mars 1673 (1), par les notaires de Beaufort et Le Vavasseur, à la requête de damoiselle Claire-Élisabeth-Armande-Grésinde Béjard, sa veuve, demeurant rue de Richelieu, tant pour elle que comme tutrice de Marie-Madeleine-Esprit Pocquelin de Molière, fille d'icelui défunt et d'elle, âgée de sept ans et demi ; furent présents : honorable homme André Boudet, marchand tapissier à Paris, sous les piliers de la Tonnellerie, oncle paternel et subrogé-tuteur de la mineure.

Dans cet acte, on est surpris du grand luxe qui existait dans l'habitation de Molière ; mais au dire de Grimarest, sa femme « en l'épousant avait cru être au rang d'une duchesse, » et d'ailleurs, elle s'était conformée au goût somptueux de l'époque.

Molière (2) qui, dans ses pièces, a si souvent cherché ses caractères dans son intérieur, a fait, de sa femme, dans le *Bourgeois Gentilhomme* (3), le por-

---

(1) Soulié, *Doc.* XLV.

(2) Cette curieuse épitaphe parut, avec plusieurs autres, dans le *Mercure galant* de 1673 :

> Ci-gît qui parut sur la scène
> Le singe de la vie humaine,
> Qui n'aura jamais son égal,
> Qui voulant de la Mort ainsi que de la Vie
> Estre l'imitateur dans une comédie,
> Pour trop bien réussir, y réussit fort mal ;
> Car la Mort, en estant ravie,
> Trouva si belle la copie
> Qu'elle en fit un original.

(3) Acte III, scène IXᵉ.

trait suivant : « Elle a les yeux petits, mais elle les
a pleins de feu ; les plus brillants, les plus perçants
du monde ; les plus touchants qu'on puisse voir. Elle
a la bouche grande, mais on y voit des grâces qu'on
ne voit point aux autres bouches. Sa taille n'est pas
grande, mais elle est aisée et bien prise. Elle affecte
une nonchalance dans son parler et dans son main-
tien, mais elle a grâce à tout cela, et ses manières
ont je ne sais quel charme à s'insinuer dans les
cœurs. Enfin, son esprit est du plus fin et du plus
délicat ; sa conversation est charmante, et si elle est
capricieuse autant que personne du monde, tout sied
bien aux belles, on souffre tout des belles. »

En parallèle, empruntons à Mademoiselle Ducroisy,
la femme d'un des meilleurs comédiens que nous
ayons eus, cette peinture descriptive du mari de Mademoiselle Béjard : « Il n'était ni trop gras ni trop mai-
gre ; il avait la taille plus grande que petite, le port
noble, la jambe belle ; il marchait gravement ; avait
l'air très sérieux, le nez gros, la bouche grande, les
lèvres épaisses, le teint brun, les sourcils noirs et
forts, et les divers mouvements qu'il leur donnait lui
rendaient la physionomie extrêmement comique. A l'é-
gard de son caractère, il était doux, complaisant, gé-
néreux. Il aimait fort à haranguer, et quand il lisait
ses pièces aux comédiens, il voulait qu'ils y ame-
nassent leurs enfants pour tirer des conjectures de
leurs mouvements naturels. »

On comprend aisément qu'avec « ce charme qu'elle avait à s'insinuer dans les cœurs », Madame Molière ait bien vite oublié l'homme si bon et si vertueux dont elle n'avait point fait le bonheur; mais ce qu'on ne lui pardonne pas, c'est d'avoir choisi elle-même pour mari un acteur de sa troupe, sans talent, sans fortune, sans esprit, sans figure (1).

Le 29 mai 1677 (2), elle passait le contrat de ce second mariage devant Jullien et Le Maistre, notaires au Châtelet de Paris. Le futur était Isaac-François Guérin, officier de la Maison du Roi et bourgeois de Paris, y demeurant, cour du Palais, paroisse de la Basse-Sainte-Chapelle, fils de défunts Charles Guérin, vivant officier du roi, et de Françoise Destrichey de Bradam.

Assistèrent à l'acte : Anne Guérin, tante paternelle, veuve de Jean Ancelin, bourgeois de Paris ; Marie Ancelin, veuve de Antoine Poussepré, marchand franger à Paris, sa cousine germaine; Jean-Baptiste Aubry, paveur du Roi, beau-frère à cause de Geneviève Béjard, sa femme, et Me Jacques Baudelot, Conseiller du Roi, Commissaire enquesteur et examinateur au dit Châtelet ; Jean Gondouin, marchand, bourgeois de Paris, amis de la demoiselle ; damoiselle Anne-Marie Martin, femme dudit Sr Aubry, et Anne Thomas, femme dudit Gondouin.

(1) Walckenaër, *Œuvres de La Fontaine*, VI, 507, *Note*.
(2) Soulié, *Doc.* LI.

Ils firent enregistrer à l'*Armorial général de France* de d'Hozier, Paris, II, p. 1000, nos 112 et 113, les armoiries qui suivent :

François Guérin (comédien) (1), officier, et Armande-Grésinde-Claire Béjard, son épouse (comédienne, veuve du célèbre comédien Jn-Bte Pocquelin de Molière), portent *d'azur, à un chevron d'or accompagné en chef de deux croissants de mesme et en pointe d'une gerbe d'or accostée de deux tourterelles d'argent, accolé d'azur, à la fasce d'argent accompagnée de trois molettes d'or, deux en chef et une en pointe.*

Madame Molière, dit un de ses biographes, continua de briller sur la scène par ses grâces naturelles et ses talents pour le noble comique, jusqu'au 14 octobre 1694, qu'elle obtint à Fontainebleau son congé et une pension de 1,000 livres. Retirée dans son ménage, à Meudon, en la maison acquise par elle par deux contrats des 30 mars 1676 et 25 mai 1677, elle y vécut avec une conduite exemplaire (2) et mourut le 3 novembre 1700, rue de Touraine (3) ; elle fut inhumée le 2 décembre à Saint-Sulpice, sa paroisse.

(1) Il était connu au théâtre sous le nom de du Tricher ou d'Estriché.

(2) Il parut en 1688 un libelle anonyme ayant pour titre *Histoire de la Guérin, auparavant femme et veuve de Molière,* où l'auteur s'est tristement fait l'écho des calomnies alors débitées sur le compte de Molière.

(3) Taschereau, p. 236.

Le 20 novembre 1703, devant Guyot et son collègue, notaires à Paris, il fut procédé au partage de sa succession entre la fille de Molière, héritière pour moitié, et Guérin père et fils, héritiers pour l'autre moitié.

« Elle avait, » ajoutent les frères Parfait, « la voix extrêmement jolie; elle chantait avec goût le français et l'italien, et personne n'a mieux su se mettre à l'air de son visage pour l'arrangement de sa coiffure, et plus noblement pour l'ajustement de ses vêtements. »

On ne lui connaît, de son convol, qu'un fils :

Nicolas-Armand-Martial Guérin, né en 1678 (1), mort sans enfants de son mariage, en 1708, avec la nièce d'un curé (2) nommé Guignard : elle vivait encore en 1748. On croit qu'elle eut par héritage tous les papiers de Molière.

Elle se remaria en secondes noces au Sr Belin.

VI

Marie-Madeleine-Esprit Pocquelin, fille de Molière, naquit le 4 août 1665 (3); elle fut d'abord pensionnaire au couvent des dames religieuses de la Conception, rue Saint-Honoré; puis, lasse d'attendre

(1) Voir Soulié, *Doc.* LVIII.
(2) Les frères Parfait, VI, 367.
(3) Beffara, p. 5.

un parti du choix de sa mère, elle se laissa enlever (1) de la maison qu'elle habitait rue du Temple, paroisse Saint-Nicolas-des-Champs, et devint la femme de Claude de Rachel de Montalant, ancien organiste, dit-on, de la paroisse de Saint-André des Arcs (2), d'une famille noble (3) et ancienne.

Dans son contrat de mariage, reçu le 29 juillet 1705 (4) par Bailly et Gaillardie, notaires au Châtelet de Paris, les futurs sont désignés : D'une part, Claude de Rachel, écuyer, sieur de Montalant, demeurant à Paris, rue Christine, paroisse Saint-André des Arcs, fils de défunt Jean de Rachel, écuyer, sieur de Montalant, Conseiller du Roi, Commissaire ordinaire des guerres, et de dame Marie Dugats ; — et d'autre part, damoiselle Marie-Madeleine-Esprit Pocquelin de Molière, majeure usante et jouissante de ses biens et droits, demeurant à Paris, rue du Petit-Lion, faubourg Saint-Germain, paroisse Saint-Sulpice; fille de défunts Jean-Baptiste Pocquelin de Molière, tapissier, valet de chambre du Roi, et de Armande-Grésinde-Claire-Élisabeth Béjard, son

---

(1) Cizeron Rival, p. 14. — Mad. Molière, femme Guérin, commença quelques poursuites, mais des amis communs arrangèrent l'affaire.

(2) Auger, *Vie de Molière*, p. 124.

(3) Soulié, *Doc.* LXV. — Dans la cote 34º, on lit : « 51 pièces, qui sont les titres concernant la filiation du défunt, sieur de Montalant. »

(4) Soulié, *Doc.* LIX.

épouse au jour de son décès, femme en secondes
noces d'Isaac-François Guérin, sieur du Tricher, officier du Roi. Furent présents : pour le futur, Me Gilles
Le Masson, caissier général des États de Bretagne ;
François-Louis de Trohéou-Musnier, et Mo Claude
Dupré, procureur au parlement de Paris, amis, — et
de la part de la damoiselle de Molière, dame Marie
Le Camus, épouse de M. Jean-Réné de Bazan, marquis de Flamenville, lieutenant-général des armées
du Roi ; Pierre d'Argouges, écuyer, sieur de Saint-
Malo, et dame Louise Largillier Dalensey, son épouse,
ses amis.

La future signa M. M. Esprit Pocquelin-Molière.

Ce mariage fut célébré à la paroisse Saint-Sulpice
le 5 août 1705 (1) : l'acte, dressé sur le registre paroissial, nous apprend que Me Claude de Montalant
était âgé de 59 ans et était veuf de demoiselle Anne-
Marie Alliamet ; il en avait eu quatre enfants (2) de
1679 à 1684.

Cette union resta stérile. Madame de Montalant
mourut à Argenteuil le 23 mai 1723, « ayant fait connaître par l'arrangement de sa conduite, » dit Grima-

<hr/>

(1) Soulié, *Doc.* LIX, LX et LXV.

(2) De ces quatre enfants, il ne resta que deux filles : L'une,
Marie de Rachel, dite de Mareuil, était, en 1724, religieuse au
couvent de St-Laurent, diocèse de Comminges ; et l'autre, Marie-
Madeleine de Rachel, également dite de Mareuil, religieuse au
couvent des Filles du St-Sacrement, dites de Saint-Augustin, établies
à Châtillon-sur-Loir.

rest, « et par la solidité et l'agrément de sa conversation, qu'elle a moins hérité des biens de son père
que de ses bonnes qualités. »

Claude de Montalant décéda rue du Four le 4 juin
1738, âgé de 92 ans, étant né à Saint-Martin d'Estréaux en Forez (1), le 23 février 1646. Par son testament, du 13 août 1737, reçu Bellanger et Boivin,
notaires à Paris, il fit légataire et exécuteur univer-
sel sieur Pierre Chapuis, bourgeois de Paris, y
demeurant, rue de Gravilliers ; sa petite-nièce, petite-
fille de Jean Pocquelin *le jeune* et de Marie Maillard ;
léguant en outre à Françoise Davenne, femme de
Charles Astier, maître cordonnier à Paris, cousine
issue de germain, et à Marie-Nicole-Thérèse Dugats,
épouse de Michel Blondy, pensionnaire du Roi, pour
Angélique Blondy, sa fille, etc.

Ainsi se desséchèrent successivement les quatre
branches de cette vieille souche des Pocquelin issue
des forêts d'Écosse, et dont un rejeton avait été trans-
porté en France à la suite des guerres du xve siècle :
mais si l'arbre a péri, le meilleur de ses fruits a été
conservé. Le nom du *Comédien* a survécu, et avec
une auréole de gloire telle, dit Chamfort en écrivant

---

(1) Cet acte n'existe plus : les registres paroissiaux de St-Martin
d'Estréaux ne datent que de 1671. D'après l'inventaire dressé
à sa mort, les 15 et 16 septembre 1738, par Boivin, notaire,
cet extrait baptistaire était signé Darnaudin, curé.

sa Vie en 1724, que « son trône est toujours va-
cant ! »

Nous ne pouvons mieux finir cette rapide esquisse
qu'en citant l'appréciation qu'a faite de Molière un
auteur qui ne peut paraître suspect de partialité,
l'abbé Le Gendre, chanoine de l'Église de Paris (1) :
« Personne n'a eu plus de talent pour jouer tout le
genre humain, pour trouver le ridicule des choses
les plus sérieuses, et pour l'exposer de manière qu'on
ait honte d'y tomber : au sentiment de bien des gens,
il y a plus de sel attique dans les Comédies de ce
poète, que dans celles d'aucun ancien Grec ou Romain ; ses Pièces sont semées de railleries délicates,
et on y voit partout une judicieuse sobriété à ne dire
que ce qu'il faut en chaque caractère, et une adresse
merveilleuse à sçavoir attraper la naïveté de la pure
nature : ses portraits sont si beaux, ces beautés si
naturelles, qu'elles se font sentir aux personnes les
plus grossières. Les Étrangers avouent que jamais la
Grèce ni Rome n'ont rien de plus parfait que le sont
la plupart des Pièces de Corneille, de Racine et de
Molière. »

Et ces paroles de l'abbé Prévost : « Molière n'a plus
besoin qu'on le recommande ; il est depuis long-

(1) *Les Mœurs et Coutumes des François*, 1753, p. 188.

temps, et pour toujours, à ce point de réputation auquel les éloges n'ajoutent rien, et où la beauté et la délicatesse des louanges ne servent qu'à l'honneur de celui qui les donne ! »

PIÈCES JUSTIFICATIVES

I. GÉNÉALOGIE EXTRAITE D'UN TABLEAU DES ALLIANCES DE LA FAMILLE POCQUELIN (ARCHIVES NATIONALES, ...)

(CETTE PIÈCE EST SANS DATE)

Jaen Pocquelin, marié à Anne Gaude

- **Robert Pocquelin, marié à Simone Beaudouin.**
  - N. Pocquelin fille.
  - Robert Pocquelin, m. à N. de Lubert.
    - Robert Pocquelin, curé de St-Sauveur.
    - Constance Pocquelin, femme de N. Josse de la Péronie.
    - Anne Pocquelin, fe de N. Maridat.
  - Pierre Pocquelin, md mercier, Directeur de la Compagnie des Indes, marié à Mar. Brochant.
    - Pierre Pocquelin, chartreux.
    - N. et N. Pocquelin, religieuses annonciades à St-Denis.
    - Agnès Pocquelin, fe de N. Parassi.
  - Jean-Baptiste Pocquelin, marié à Anne de Faverolles.
    - Charles-Henri Pocquelin, correcteur des comptes, m. à Éliza Dandrot.
      - Charles-Thomas Pocquelin, officier, marié à N. Lambert.
        - Agnès Poc...
      - Cl. Pocquelin, cap. d'inf., chev. de St-Louis, m. à Louise Marg.-Genev. de Faverolles.
      - Anne-Élisabeth Pocquelin, fe de René Le Noir, cap. de cavalerie.
      - Agnès Pocquelin, fille.
    - François Pocquelin, auditeur des comptes.
    - N. Pocquelin, fe de N. Jacquier.
    - N. Pocquelin, directeur des fermes.
    - N. Pocquelin, abbé de...
  - Philippe Pocquelin, m. à N. Simonet.
    - N. Elyot.
    - N. Eliot, femme de N. Joly, conseiller de la cour des aides.
  - N. Pocquelin, femme de N. Elyot.
  - Marie Pocquelin, fe de N. Maillet.
    - N. Maillet, chan. régul., curé de Ste-Madeleine à Rouen.
    - N. Maillet, trés. de France à Rouen.
    - N. Maillet, prêtre de l'Oratoire.
- **Guy Pocquelin, marié à Suze Prévost.**
  - Pierre Pocquelin, m. à Marie Suisse.
    - Pierre-Antoine Pocquelin.
    - Louis-Claude Pocquelin.
    - Thomase-Simone Pocquelin.
    - Mar. Pocquelin, fe de N. de la Fosse.
- **Louis Pocquelin, m. à Marie Lempereur.**
  - Anne Pocquelin, fe de Paul Brochant, md ft les écuries du Roi.
  - Madeleine Pocquelin, fe de François Gautier, md de soie.
  - Philippe Pocquelin, directeur de la manufacture des glaces, marié à Catherine Rousseau.
    - Jean-Louis Pocquelin, relig. de St-Antoine.
    - Anne-Catherine Pocquelin, fe de Pierre Tauzier.
    - Madeleine Pocquelin, femme de Joseph Manessier.
    - Pierre-François Pocquelin, m. sans enfants.
  - Nicolas Pocquelin, chan. du...

an Poquelin I, marchᵈ tapissier, porteur de grains, rue de la Lingerie, marié le 11 juillet 1594 avec Agnès Mazuel, morte le 14 avril 16

I	II	III	IV	V	VI	VII	VIII	IX	X
Jean II, né 1595.	Pierre, baptisé le 13 mai 1596, marchand rue de la Chanvrerie.	Jeanne, baptisée le 8 juin 1597, mariée en janvier 1615 à Toussaint Perret ou Perrier, linger.	Marie, baptisée le 15 janvier 1599, mariée en août 1618 à Marin Gamart, tailleur.	Nicolas, bapé le 4 mars 1600, tapissier, valet de chbre du Roi, concierge tapissier de Mgr de Liancourt, marié à Jeanne Vasé.	Agnès, baptisée le 27 novembre 1601, mariée en juillet 1625 à François Rozon, huissier au Châtelet.	Guillaume, baptisé le 21 avril 1603.	Martin, baptisé le 21 janv. 1616, marié en juillet 1635 avec Marguerite Fleurette, mort le 16 octobre 1636.	Adrienne, baptisée le 29 mars 1609.	Louise, de 1603 à 1 ou de 160 1609, mar en août 1 avec Chai Droguet.

an Poquelin II, né en 1595, marchand tapissier rue Saint-Honoré de 1622 à 1636, marié le 27 avril 1621 avec Marie Cres fille de Louis Cressé, marchand tapissier aux Halles, remarié le 30 mai 1633 avec Catherine Fleurette et mort le 27 février 16

Et de Catherine Fleurette morte le 12 novembre 163

Eut de Marie Cressé, morte le 11 mai 1632

I	II	III	IV	V	VI	VII	VIII	IX	X
Jean III MOLIÈRE), baptisé le 15 vier 1622.	Loys, baptisé le 15 vier 1623.	Jean, baptisé le 1er octobre 1624, marchand bourgeois de Paris, marié en septembre 1649 avec Anne Faverolle, morte le 8 septembre 1692.	Marie, baptisée le 10 août 1625, mariée en janvier 1651 avec André Boudet tapissier, morte le 18 mai 1665.	Nicolas baptisé le 13 juillet 1627.	Marie, baptisée le 13 juin 1628.	Jean, né en 1629 ou 1630, tap., valet de ch. ordin. du Roi, marié en janvier 1656 avec Marie Maillart, mort le 6 avril 1660.	Robert, né en 1630, 31 ou 32, doct. en théologie de la maison et société de Navarre, doyen de la faculté de Paris, m. en décembre 1714 ou janvier 1715.	Catherine, baptisée le 15 mars 1634.	Marguer baptisée 15 novem 1636.

an III (Molière), baptisé le 15 janvier 1622, marié le 20 février 1662 avec Armande-Grésinde-Claire-Élisabeth Béjart, mort le 17 février 1673.

III

EXTRAITS DES REGISTRES PAROISSIAUX

RELATIFS AUX POCQUELIN (BRANCHE DE MOLIÈRE)

---

1. PAROISSE S'-EUSTACHE, DE PARIS :

« Du samedy 15° Janvier 1622 fut baptisé Jean, fils de
Jean Pouquelin, marchant tapissier, et de Marie Cresé,
sa femme, demeurant rue S'-Honoré. Le parin, Jean-Louis
Pouquelin, porteur de grains ; la marine, Denise Lescacheux, veuve de feu Sébastien Asselin, vivant m° tapissier. »

2. SAINT-EUSTACHE :

« Du dict jour (dimanche 10 août 1625) fut baptisée
Marie, fille de Jean Pocquelin, marchand tapissier, et
de Marie Cresé, sa femme, demeurant rue S'-Honoré.
Le parin Toussaint Ferrier, marchand de linge ; la marine Marie Asselin, femme de Louis de Crécé, marchand
tapissier. »

3. SAINT-EUSTACHE :

« Mardy, 11 mai 1632, convoy et service complet de
50 livres, pour deffuncte honorable femme Marie Cressé,
vivante femme de honorable homme Jehan Pauquelin,
marchand tapissier et valet de chambre ordinaire du
Roy, demeurant rue Saint-Honoré, inhumée aux Inno-
cens. »

4. SAINT-LAURENT, DE PARIS :

« Le 7° j. (novembre 1636), Marguerite, fille de Jean
Poquelin, natifve de S'-Eustache, estant à nourrice

sur les fossés, est décédée et inhumée au cimetière Saint-Laurens, son convoy faict avec le chœur. »

5. SAINT-EUSTACHE :

« Dimanche 11 Juillet 1638 a été baptisée Françoise, née du samedi 3 dudit mois, fille de messire Esprit de Raymond, chevalier seigneur de Modène et autres lieux, chambellan des affaires de MONSEIGNEUR, frère unique du Roy, et de damoiselle Madeleine Béjard, sa mère, demeurant rue St-Honoré ; le parrain Jean-Baptiste de l'Hermitte, escuyer, sieur de Vauselle, tenant lieu de messire Gaston-Jean-Baptiste de Raymond, aussy chevalier, seigneur de Modène, la marraine damoiselle Marie Hervé, femme de Joseph Bejard, escuyer. »

En marge est écrit : *Françoise illégitime.*

6. SAINT-GERMAIN-L'AUXERROIS, DE PARIS :

« Du lundy vingtiesme (février 1662) Jean-Baptiste Poquelin, fils de Jean Poquelin et de feue Marie Cresé, d'une part, et Armande Grésinde Beiard, fille de feu Joseph Beiard et de Marie Hervé, d'autre part, tous deux de cette paroisse, vis-à-vis le Palais-Royal, fiancés et mariés tout ensemble, par permission de Mr de Comtes, doyen de Nostre-Dame et grand vicaire de Mgr le cardinal de Retz, archevesque de Paris. En présence dud. Jean Poquelin, père du marié, et de André Boudet, beau-frère du marié, et de lad. Marie Hervé, mère de la mariée et Louis-Béiard et Magdeleine Béjard, frère et sœur de la mariée, et d'autres, avec dispense de deux bancs... J.-B. Poquelin, Armande-Grésinde-Bejart, J. Poquelin, A. Boudet, Marie Hervé, Louys Béjard, Béiart. »

7. SAINT-GERMAIN-L'AUXERROIS :

« Du jeudy 28ᵉ febvrier 1664 fut bapt. Louis, fils de M. Jean-Baptiste Molière, valet de chambre du Roy, et damˡˡᵉ Armande-Grésinde Beiart, sa femme, vis-à-vis le Palais-Royal. Le par. haut et puissant seigneur Mʳ Charles duc de Créquy, 1ᵉʳ gentilhomme de la Chambre du Roy, ambassadeur à Rome, tenant pour Louis quator-zieme, roy de France et de Navarre ; la mar. dame Colombe Le Charron, épouse de Mʳ Cœsar de Choiseul, mareschal du Plessy, tenant pour Mᵐᵒ Henriette d'An-gleterre, duchesse d'Orléans. L'enfant est né le 19ᵉ Jan-vier audit an. »

8. SAINT-GERMAIN-L'AUXERROIS :

« Le mardy 11ᵒ novembre 1664, convoy de 6 de Louys, fils de Jean-Baptiste Molière, comédien de Son Altesse Royale, pris rue Sᵗ-Thomas. Reçu pour moy seul 8 liv. »

9. SAINT-PAUL, DE PARIS :

1670. « Le 10... le corps de madame Beiart a esté ap-porté de Saint-Germain-de-l'Auxerrois et inhumé dans les charniers de l'église Sᵗ-Paul le mesme jour. »

10. SAINT-PAUL :

« Le 17 février 1672, demoiselle Magdeleinne Béiart, est décédée paroisse Sᵗ Germain de Lauxerrois, de la-quelle le corps a esté aporté à l'église Sᵗ Paul et ensuitte inhumé, sous les charniers de la dicte église le 19 dudit moys... Bejard, L'Eguizé, J.-B. P. Molière. »

11. SAINT-GERMAIN-L'AUXERROIS :

« Le Jeudy 18º fevrier 1672. Convoy général, vespre de demoiselle Marie-Magdeleine Beiart, comédienne de la troupe du Roy, prise dans la place du Palais-Royal, portée le lendemain 19º, par permission de Monseigneur l'archevesque, en l'église Sᵗ Paul, en carosse. Reçu... »

12. SAINT-GERMAIN-L'AUXERROIS :

« Le vendredy 19º février 1672. Le corps de feue damoiselle Marie-Magdeleine Bejart, comédienne de la troupe du Roy, prise hier dans la place du Palais-Royal et portée en convoy en cette église, par permission de Monseigneur l'archevesque, a esté porté en carosse en l'église Sᵗ Paul. »

Le mot *en convoy* a été ajouté en marge du registre dans l'écriture du temps.

13. SAINT-GERMAIN-L'AUXERROIS :

« Du samedy 1ᵉʳ octobre 1672, fut baptizé Pierre-Jean-Baptiste-Armand, né du Jeudy 15º du mois passé, fils de Jⁿ.Bᵗᵉ Poquelin Molière, valet de chambre et tapissier du Roy, et d'Armande-Claire-Elisabeth Beiart, sa femme, demeurant rue de Richelieu. Le parain messire Pierre Boileau, conseiller du Roy en ses conseils, intendant et contrôleur général de l'argenterie et des menus plaisirs et affaires de la chambre de Sa Majesté; la maraine Catherine-Margueritte Mignard, file de Pierre Mignard, peintre du Roy... J. B. Poquelin Molière, Boileau, Catherine Mignard. »

14. SAINT-EUSTACHE :

« Le mardy vingt-uniesme (février 1673), deffunct
Jean-Baptiste Poquelin de Molière, tapissier, vallet de
chambre ordinaire du Roy, demeurant rue de Richelieu,
proche l'Académie des pintres, décédé le dix-septiesme
du présent mois, a esté inhumé dans le cimetière de
Sainct-Joseph. »

15. SAINTE-CHAPELLE, DE PARIS :

« Le lundy 31° j. de May 1677, après les fiançailles
faites le j. précédent, je, soussigné, curé de la parr. de
la Ste Chapelle de Paris, ay, en l'église de la basse
Ste Chapelle, interrogé M. Isaac-François Guérin, officier du Roy, fils de feu Charles-Guérin et de Françoise
de Bradam, ses père et mère, d'une part ; et Grésinde
Bejart, fille de feu Joseph Bejart et de Marie Hervé,
ses père et mère deffuncts, et veufve de Jean Pocquelin,
officier du Roy, tous deux de cette paroisse.... et les ay
solennellement, par paroles de présent, conjoints en
mariage... Le tout en présence de parens et amis sous-
signez, asscavoir de Mr Jn-Bto Aubry, l'un des entrepre-
neurs des parcs de Paris, beau-frère de l'espouzée ; de
M. Jacques Bourdelot, consr du Roy, commissaire au
Chastelet de Paris. »

16. SAINT-SULPICE, DE PARIS :

« Le second jour de décembre 1700 a été fait le
convoy, service et énterrement de damoiselle Armande-
Grézinde-Claire-Elisabeth Bejart, femme de Mr François Isaac Guérin, officier du Roy, aagée de cinquante-
cinq ans, décédée le dernier jour de novembre de la
présente année, dans sa maison, rue de Touraine. Et

ont assisté audit convoy service et enterrement Nicolas Guérin, fils de lad. deffuncte; François Mignot, neveu de laditte deffuncte, et Mʳ Jacques Raisin, officier du Roy et ami de lad.. deffuncte, qui ont signé. »

17. SAINT-DENIS-D'ARGENTEUIL (Seine-et-Oise) :

« Le lundy 24 mai 1723. Esprit Madeleine Pocquelin de Molière, aagée de cinquante-sept ans et demy, épouse de M. Claude Rachel, écuyer, sieur de Montalant, décédée le jour précédent, en sa maison d'Argenteuil, rue Calée, a été inhumée dans l'église dudit lieu; en présence d'André Pothron, maçon de la maison, soussigné..: André Potheron; de Peyras, vicaire. »

18. SAINT-DENIS-D'ARGENTEUIL :

« Le vendredy sixieme juin mil sept cent trentehuit, le corps de Claude Rachel, écuier, sieur de Montalant, agé de quatre-vingt-treize ans ou environ, décédé le 4 du présent mois, a été aporté dans l'église de cette paroisse, et après la messe solennelle chantée, a été conduit par le clergé de ladite paroisse en l'église des pères augustins de ce lieu, pour y être inhumé ainsi qu'il l'avoit demandé, et ce en présence du sieur Pierre Chapuis, bourgeois de Paris, y demeurant rue de Gravillers, paroisse de Saint Nicolas des Champs, exécuteur du testament dudit sieur de Montalant, d'Etienne Duny, ancien marguillier de cette église.... Chapuis, Duny, Maubert. »

IV

REQUÊTE A FINS D'INHUMATION DU CORPS DE SON MARI,
PRÉSENTÉE PAR MADAME POCQUELIN DE MOLIÈRE, LE
17 FÉVRIER 1673.

« *A Monseigneur l'illustrissime et révérendissime
archevêque de Paris.*

« Supplie humblement Élisabeth-Claire-Grasinde Béjart, veufve de feu Jean-Baptiste Pocquelin de Molière,
vivant valet de chambre et tapissier du roy, et l'un des
comédiens de sa trouppe, et en son absence Jean Aubry,
son beau-frère, disant que Vendredy dernier, dix-sep-
tieme du présent mois de febvrier mil six cent soixante
treize, sur les neuf heures du soir, le dict feu sieur de
Molière s'estant trouvé mal de la maladie dont il décéda
environ une heure après, il voulut dans le moment té-
moigner des marques de ses fautes et mourir en bon
chrestien, à l'effect de quoy avecq instances il demanda
un prestre pour recevoir les sacrements, et envoya par
plusieurs fois son valet et servante à Sainct Eustache
sa paroisse, lesquels s'adressèrent à messieurs Lenfant
et Lechat, deux prestres habituez en la dicte paroisse,
qui refusèrent plusieurs fois de venir; ce qui obligea
le sieur Jean Aubry d'y aller luy-mesme pour en faire
venir et de faict fist lever le nommé Paysant, aussi
prestre habitué au dict lieu; et comme toutes ces allées
et venues tardèrent plus d'une heure et demye, pendant lequel temps le dict sieur de Molière décéda, et
le dict sieur Paysant arriva comme il venoit d'expirer;
et comme le dict sieur Molière est décédé sans avoir
reçu le sacrement de confession dans un temps où il

venoit de représenter la comédie, monsieur le Curé de Sainct Eustache lui refuse la sépulture, ce qui oblige la suppliante vous présenter la présente requeste, pour luy estre sur ce pourvu.

» Ce considéré, Monseigneur, et attendu ce que dessus, et que le dict defunct a demandé auparavant que de mourir un prestre pour estre confessé, qu'il est mort dans le sentiment d'un bon chrestien, ainsy qu'il l'a témoigné en présence de deux dames religieuses, demeurant en la même maison, d'un gentilhomme nommé M. Couton, entre les bras de qui il est mort, et de plusieurs autres personnes, et que Mr Bernard prestre habitué en l'église Saint-Germain lui a administré les sacrements à Pasque dernier, il vous plaise de grace spécialle accorder à la dicte suppliante que son dict feu mary soit inhumé et enterré dans la dicte église Sainct-Eustache, sa paroisse, dans les voyes ordinaires et accoutumées, et la dicte suppliante continuera les prières à Dieu pour vostre prospérité et santé, et ont signé.

Ainsi signé : » Le Vasseur et Aubry », *avec parafe.*

Plus bas est écrit :

« Renvoyé au sieur abbé de Benjamin, nostre official, pour informer des faicts contenus en la présente requeste, pour information à nous rapportée estre enfinct ordonné ce que de raison.

» Faict à Paris, dans nostre palais archiepiscopal, le vingtiesme feburier mil six cent soixante treize.

Signé » † ARCHEVESQUE DE PARIS. »

REGISTRES DE L'ARCHEVÊCHÉ DE PARIS.

Ordonnance.

« Vu la dicte requeste, ayant aucunement égard aux preuves résultantes de l'enqueste faicte par mon ordonnance, nous avons permis au sieur curé de Sainct-Eustache de donner la sépulture ecclésiastique au corps du défunct Molière dans le cimetière de la paroisse, à condition néantmoins que ce sera sans aucune pompe, et avec deux prestres seullement et hors des heures du jour, et qu'il ne se fera aucun service solennel pour luy, ny dans la dicte paroisse Sainct Eustache ny ailleurs, mesme dans aucune églize des Réguliers, et que nostre présente permission sera sans préjudice aux règles du rituel de nostre églize, que nous voulons estre observées selon leur forme et teneur.

» Donné à Paris, le vingtiesme feburier mil six cent soixante treize.

Ainsi signé : » † ARCHEVESQUE DE PARIS. »

Et au-dessous :

« MONSEIGNEUR MORANGE, » *avec parafe.*

Joseph Béjard (à tort appelé Georges dans un acte du 10 mars 1643). (Soulié, *Doc.* VIII.)
Procureur au Châtelet de Paris, puis huissier des Eaux et Forêts de France à la Table de marbre, *qualifié* en 1662 d'*écuyer*, sieur de Bolleville.
Il s'était marié le 6 octobre 1615 avec Marie Hervé, et mourut en janvier 1643, laissant au moins onze enfants, dont nous citerons les suivants :

Pierre Béj... procureur au ... telet , cité ... l'acte du 10 ... 1643 cité ci-co...

Joseph Béjard, dit *Jacques*, né en 1616 ou 1617, *comédien de l'Illustre Théâtre*, décédé le 21 mai 1659.	Madeleine Béjard, bapt. à St-Paul le 8 janv. 1618, *comédienne*. Elle fut la maîtresse d'Esprit de Raymond de Mormoiron, cᵗᵉ de Modène, époux de Marie de la Baume-Suze(2). Elle mourut à Paris le 17 février 1672.	Élisabeth, née Béjard, en 1620, morte jeune.	Jacques Béjard, né le 15 février 1622, mort jeune.	Geneviève Béjard, bapt. le 2 juillet 1624, à St-Paul, *comédienne, dite Mlle Hervé*, ép. le 25 nov. 1664 Léonard de Loménie, sieur de Vilaubrun, puis le 15 septembre 1672 Jean-Baptiste Aubry, sieur des Carrières, paveur des bâtiments du Roi (3), auteur dramatique. Elle mourut le 3 juillet 1675.	Louis Béjard dit l'É-*guisé*, bapt. le 4 décembre 1630 à St-Merry, *comédien*, puis qualifié bourgeois de Paris et ingénieur du Roi : il mourut le 29 sept. 1678.	Bénigne-Madeleine Béjard, bapt. le 20 novembre 1639, morte jeune.	Armande-Grésinde-Claire-Élisabeth Béjard, née en 1643 (4), *comédienne*, mariée : 1º le 20 fév. 1662, à Jean-*Baptiste* Pocquelin; sieur de MOLIÈRE, *comédien*, dont elle eut trois enfants, comme est dit à son article; 2º le 29 mai 1677, à Isaac-François Guérin, sieur du Trichet, *comédien*, dont elle eut un fils cité au même article : elle mourut à Paris le 30 nov. 1700, âgée de 57 ans.
	Françoise Béjard, qualifiée *illégitime* dans son acte de baptême du 11 juillet 1638.						

(1) Les actes authentiques cités par M. Soulié donnent l'orthographe de *Béjard*.

(2) Il se remaria en octobre 1666 avec Madeleine l'Hermite de Souliers, fille de Jean-Baptiste, comédien et poète, sieur de Vauselle, et de M... Courtin de la Dehors, et mourut le 1ᵉʳ décembre 1672.

ARMORIAL

DES FAMILLES ALLIÉES AUX POCQUELIN

———

Battant de Pommerol, en Forez : *de gueules, à la cloche d'argent bataillée de sable.*

Beaudouin, à Paris : *d'azur, à une main dextre appaumée d'argent et un chef cousu de gueules, chargé de trois étoiles d'argent.*

Béjard, à Paris : *d'azur, à la fasce d'argent accompagnée de trois molettes d'or, deux en chef et une en pointe.*

Boudet, à Paris : *d'azur, à une fasce d'or accompagnée de trois étoiles de même, deux en chef et une en pointe.*

Brochant , à Paris : *d'or, à l'olivier de sinople accosté de deux croissants de gueules, à la champagne d'azur chargée d'un brochet d'argent.*

Buynand, en Bresse : *d'azur, à un arc d'argent en fasce surmonté d'un coq d'or et trois annelets d'argent, 2 et 1.*

Le Camus, à Paris : *d'azur à la tête d'homme tortillée d'argent et accompagnée de trois coquilles d'or.*

Le Conte, en Forez : *d'argent, à trois merlettes de sable, au chef d'azur chargé d'un lion passant d'or.*

Courtin, en Forez : *d'azur, à trois croissants d'or, 2 et 1.*

Cressé, à Paris : *d'azur, à un chevron d'or accompagné en chef de deux étoiles de même et en pointe d'un lion aussi d'or.*

Ellyot. — Voy. Hellyot.

De Faverolles, à Paris : *d'argent, à trois cosses de féverolles tigées et feuillées naissant d'un croissant et accompagnées en chef de deux étoiles, le tout d'or.*

Fleurette, à Paris : *d'azur, à un panier d'or rempli de diverses fleurs au naturel.*

La Fosse, à Paris : *d'or, à trois fasces de sable.*

Gamard, à Paris : *d'azur, au chevron d'or accompagné en chef de deux gerbes de même, et d'une colombe d'argent en pointe.*

Gaude, à Paris : *d'or, à quatre jumelles de sable, celle du milieu surmontée de deux bandes d'azur et soutenue de deux barres de même.*

Guérin, à Paris : *d'azur, à un chevron d'or accompagné en chef de deux croissants de même et en pointe d'une gerbe d'or, accostée de deux tourterelles d'argent.*

Hellyot, à Paris : *parti : au 1er d'argent, à la fleur de soleil au naturel, c'est-à-dire tigé et feuillé de sinople; au 2o de gueules, au phénix d'argent terrassé de même; au chef d'azur, à trois soleils d'or.*

Huë de la Blanche, en Forez : *Écartelé : aux 1 et 4 de gueules, au cœur d'argent en abîme accompagné de trois*

*molettes d'or ; aux 2 et 3, d'or, à trois écussons de
gueules.*

Joly, orig. de Bourgogne : *d'azur, au lys naturel d'argent, au chef d'or chargé d'une croix pattée de sable.*

Josse, à Paris : *d'azur, à trois couronnes d'or.*

Lempereur, à Paris : *d'or, à une aigle à deux têtes de
sable surmontée d'un soleil de gueules.*

Maillard, à Paris : *d'argent, à la fasce d'azur chargée
d'une chaîne d'or et accompagnée de trois flammes de
gueules.*

Maillet, à Rouen : *d'or, à la fasce d'azur abaissée sur un
lion léopardé de gueules, surmonté d'une montagne de
sable.*

Manessier. en Picardie : *d'argent, à trois hures de sanglier arrachées de sable, 2 et 1.*

Du Marché, en Bresse : *d'or et d'azur, à un soleil brochant sur le tout de l'un en l'autre.*

Mazuel, à Paris : *de sable, à deux fasces engrêlées d'or.*

De Murard, en Bresse : *d'or, à la fasce crénelée d'azur
de trois pièces, accompagnées de trois têtes d'aigles de
sable arrachées et rangées en chef.*

Le Noir, à Paris : *d'azur, au croissant d'or surmonté de
deux étoiles d'argent.*

Orset de Châtillon, en Bugey : *de gueules, au chef d'argent chargé de cinq tours de sable.*

Perrier, à Paris : *d'azur, à l'arbre d'or contre le fût duquel rampent un mouton à dextre et à senestre un*

lion, le tout de même ; au chef aussi d'or chargé d'une poire de sinople à dextre et d'une grappe de raisin de pourpre à senestre, l'une et l'autre posées en pairle avec l'arbre.

Prévost, à Paris : *d'argent, à un chevron de gueules accompagné en chef de deux étoiles d'azur et en pointe d'une aigle à deux têtes, le vol abaissé de sable.*

Rachel, à Paris : *d'azur, à trois lions d'or et une flamme au naturel posée entre les deux lions du chef.*

Ravel, en Forez : *d'azur, au sénestrochère mouvant du flanc dextre tenant trois épis d'or, au chef cousu de gueules chargé d'un soleil d'or.*

Révérend du Mesnil, en Normandie : *Écartelé : aux 1 et 4 de sinople, à trois mouches d'or ; aux 2 et 3 de gueules, à l'aigle éployée d'argent.*

Rousseau, à Paris : *de sable, à trois épis d'or.* — Comme il existe quatre familles parisiennes ayant des armoiries distinctes, cette attribution peut être douteuse.

Tauxier, en Picardie : *d'azur, à la barre d'argent chargée de trois étoiles de gueules.*

NOTE SUR UN ANCIEN JETON
DE LA FAMILLE POCQUELIN

L'usage des jetons métalliques fut commun aux xvi° et xvii° siècles pour les familles anoblies, qui y marquèrent leurs armoiries et leurs titres. Dans son *Iconographie Moliéresque*, M. Paul Lacroix cite un jeton en argent dont la FACE présente un écusson surmonté d'un casque de chevalier, portant une sorte de château d'eau surmonté de trois arbres, avec une cascade. Autour de la pièce, cette légende :

L. POQVELIN, RECEVEVR GENERAL DES PAVVRES;

et le REVERS, les armes de la ville de Paris, avec deux branches d'olivier; légende :

VRBIS ET FORI. PAVPERVM. TVTELA, 1664.

Ce Louis Poquelin, dit M. Lacroix, était *consul en 1661.*

Cette pièce est précieuse pour la famille des Pocquelin, en ce qu'elle nous montre qu'antérieurement aux enregistrements de d'Hozier, qui aurait pu lui attribuer, comme à tant d'autres, des armoiries de fantaisie, cette famille portait pour armes :

« *D'argent, à une forêt de sinople sur une terrasse de* » *même* »,

lesquelles sont véritablement les armoiries anciennes des Pocquelin.

Ce Louis Pocquelin est rappelé par nous, à la page 25, comme administrateur de l'hôpital de la Charité, à Paris.

APPENDICE

—

ACTEURS

DE LA TROUPE DE MOLIÈRE

—

NOTES BIOGRAPHIQUES

I. BARILLONNET : enfant cité, par M. Soleirol, comme ayant joué le rôle d'un Amour dans *Psyché* en janvier 1671, aux Tuileries.

BARON. — Voy. BOYRON.

II. BEDEAUX Julien, dit *Jodelet*, comédien de l'Hôtel de Bourgogne dès 1639, entré chez Molière en 1659; enterré à Saint-Germain-l'Auxerrois le 27 mars 1660; l'acte le qualifie de *Comédien du Roy*. — Excellent bouffon.

III. BEDEAUX François, dit *l'Espy*, frère du précédent, aussi à l'Hôtel de Bourgogne en 1639, puis à la troupe de Molière; — sans réputation. — On trouve qu'un Simon Bedeau, maître sellier et carrossier à Paris, était en 1643 subrogé tuteur des enfants de Joseph Béjard et de Marie Hervé.

11

IV. V. VI. BÉJARD Jacques, de l'*Illustre Théâtre*, — Béjard Louis, dit l'*Éguisé*, très célèbre acteur, en 1645 à l'*Illustre Théâtre*, en 1658 au Petit-Bourbon, en 1661 au Palais-Royal, — Béjard Madeleine, directrice de l'*Illustre Théâtre* en 1645, comédienne de talent, — Voy. ces noms au Répertoire alphabétique. — Béjard Armande (mad. Molière). — Voy. Menou.

VII. BERTHELOT Réné, dit *le Gros René*, ou « l'homme à la grosse bedaine » (Loret), entra en 1653 dans la troupe de Molière, et mourut le 4 novembre 1664. Molière lui a fait dire :

> Je suis homme fort rond de toutes les manières.

Il avait épousé Marquise-Thérèse de Gorla, dite *Mlle Du Parc*. — Voy. ce nom.

VIII. BEYS Denis, en 1643 à l'*Illustre Théâtre*, quitta en 1645 et mourut à Paris en 1659.

M. Soulié le dit le même que Charles de Beys, auteur de deux tragi-comédies données en 1635, à l'Hôtel de Bourgogne, et d'une comédie, *l'Hôpital des Fous*, jouée l'année suivante : M. Loiseleur croit qu'ils étaient simplement de la même famille, car la signature de Beys est toujours, dans les actes relatifs à l'*Illustre Théâtre*, précédée d'un D.

IX. BONENFANT Nicolas, jeune clerc de procureur, qui avait perdu son père et dont la mère s'était remariée à un maître fourbisseur, l'un des *Enfants de Famille*, puis de l'*Illustre Théâtre*, où il ne resta que six mois.

X. BONNEAU (mademoiselle), joua le 2 décembre 1671 dans la *Comtesse d'Escarbagnas*.

XI. BOULONNOIS parut le même jour à Saint-Germain-en-Laye, dans cette même pièce.

XII. BOURGEOIS Catherine, fille de Robert Bourgeois, bourgeois de Paris, où il demeura sur le fossé d'entre les portes de Bussy et de Nesle, faubourg Saint-Germain, puis rue des Nonaindières, paroisse de Saint-Paul, associée de l'*Illustre Théâtre* en 1643.

BOURGUIGNON. — Voyez OLIVIER.

XIII. BOYRON Michel, dit BARON, baptisé à Paris le 8 octobre 1653, paroisse Saint-Sauveur : il était fils d'André Boyron, bourgeois de Paris, et de Jeanne Ausou. — La *Biographie Universelle* (Paris, 1833) le dit enfant d'un Michel Boyron qui était marchand mercier à Issoudun.

« Ce Comédien, le plus surprenant de la scène française » (Hillemacher), est l'auteur de Comédies, dont l'une, *la Coquette*, eut vingt-cinq représentations. Il mourut fort considéré le 21 décembre 1729.

Il épousa Charlotte Le Noir de la Thorillière, fille et sœur des acteurs de ce nom et eut :

Étienne Baron, comédien comme son père, qu'il n'égala point.

BRÉCOURT. — Voyez MARCOUREAU.

BRILLART. — Voyez PRÉVOST.

XIV. BROUART Jeanne-Marie, qu'on croit femme d'un Jean Baraillon ou Barillon (d'où *Barillonnet*, l'enfant cité en tête de ces notes), tailleur de la troupe de Molière, aurait joué en 1671 dans *Psyché*, d'après les frères Parfait.

CHAMPMESLÉ. — Voy. CHEVILLET et DESMARES.

XV. CHASTEAUNEUF, l'auteur de la farce *La feinte mort de Pancrace* (imprimée en 1663), acteur de la troupe de Molière à Lyon en 1653, fut marié avec une fille de

Duclos, comédien du Théâtre du Marais, et eut d'elle une fille :

Anne-Marie Chasteauneuf, née à Paris en 1664, qui devint une célèbre tragédiènne sous le nom de *M*^{lle} *Duclos*, entra au Théâtre-Français en 1683, y resta jusqu'en 1737 et mourut en 1748.

XVI. CHEVILLET Claude, sieur de *Champmeslé*, né à Paris en 1701. Bon acteur : entré chez Molière avec Marie Desmares, sa femme, qu'il ne put qu'imparfaitement égaler.

Son *Théâtre* a été imprimé en 1742 et ses *Chefs-d'œuvre dramatiques* en 1789.

XVII. CLAVEAU (ou Clavereau) Marie, née en Poitou, où elle était « alliée à M. de Landas, lieutenant général de la Rochelle, parent de Joseph de Landas, sieur du Pin, Comédien de la troupe du Roi » *(note ms. de madame Poisson, sa fille)* : elle ne fut qu'une actrice médiocre.

Elle épousa le célèbre Philibert Gassot dit *Ducroisy*. — Voy. ce nom.

XVIII. CLÉRIN Germain, sieur de Villars, né en Provence, associé de l'*Illustre Théâtre* en 1645, suivit Molière dans cette province. — Les frères Parfait (xi-301) le disent frère d'Élisabeth-Edmée Clérin, femme Henri Cotton, du Théâtre du Marais.

XIX. CROISAC, gagiste de la troupe de Monsieur, au Théâtre du Petit-Bourbon dès l'origine, en novembre 1658 : congédié à Pâques 1659.

XX. DAUVILLIERS, d'une famille parisienne, comédienne de l'Hôtel Guénégaud en 1688; on fit sur elle cette méchante épigramme :

> On lui croit de la chasteté,
> Non que son humeur soit tigresse;
> Mais quand on manque de beauté,
> C'est la caution de la sagesse.

DE BRIE. — Voy. LECLERC et VILLEQUAIN.

XXI. DESFONTAINES Nicolas-Marie, avec Molière dès 1644, associé de l'*Illustre Théâtre*, auteur, de 1637 à 1647, de treize pièces de théâtre que les frères Parfait ont citées, t. V, p. 338; il avait quitté Molière en août 1645.

XXII. DESJARDINS Marie-Hortense, dite *Madame de Villedieu*, née à Alençon en 1632; actrice de la troupe de Molière en 1649.

Spirituelle et fort jolie, elle fit la conquête d'un jeune officier, M. Boissat de Villedieu, qui, lui cachant qu'il avait déjà une femme, l'emmena épouser en Hollande; mais elle en fut vite veuve, son mari ayant été tué peu de temps après par un rival éconduit. Elle se retira alors au couvent de Conflans, d'où on l'exclut comme « auteur de *romans*. » D'infortune en infortune, elle épousa le marquis de Chattes, qu'elle ne savait pas avoir, lui aussi, sa femme encore vivante : ce mariage fut annulé et Marie-Hortense Desjardins reprit son nom de madame de Villedieu sous lequel elle a beaucoup écrit, même une tragédie et des poésies fugitives imprimées en 1710.

Elle était morte dans la misère, à Alençon, en 1683.

XXIII. DESMARES Marie, née en 1644, à Rouen, d'une famille honorable, mais devenue fort pauvre : elle est connue sous le nom de *Mlle Champmeslé*, ayant épousé Charles Chevillet, sieur dudit Champmeslé : comédienne à l'Hôtel Guénégaud en 1688.

Très bonne actrice, belle taille, organe expressif, physionomie pleine de sensibilité. Jugez-en :

A la plus tendre amour elle fut destinée,
Qui prit assez longtemps racine dans son cœur ;
   Mais par un insigne malheur,
Un tonnerre est venu qui l'a déracinée.

DUCROISY. — Voy. CLAVEAU et GASSOT.

XXIV. DU FRESNE Charles, né à Argentan, fils d'un peintre du Roi : il était directeur d'une troupe de province qui donnait des représentations à Lyon quand Molière y vint : il suivit ce dernier en 1648 et devint son régisseur ; il se retira dans sa ville natale à Pâques 1659.

DUPARC. — Voy. GORLA.

XXV. DUPIN, comédienne de l'Hôtel Guénégaud, ainsi dépeinte dans l'édition de 1688 de la *Fameuse Comédienne* :

Elle aime les plaisirs et veut qu'ils soient secrets ;
   Du moindre bruit son fier honneur s'offense :
Elle a beau désirer des amants plus discrets,
   Elle en a trop pour sauver l'apparence.

XXVI. FINET, acteur dans la *Comtesse d'Escarbagnas* en 1671.

XXVII. FOULLE-MARTIN, comédien de M. le Prince de Conti, se joignit à Molière à Lyon en 1655.

XXVIII. GASSOT Philibert, sieur du Croisy, gentilhomme de la Beauce, entra dans la troupe du Petit-Bourbon dirigée par Molière en 1659, et en sortit le 18 avril 1689.

C'était un bel homme, fort gras et parfaitement honnête ; il mourut goutteux, à l'âge de 66 ans, en octobre 1695, à Sainte-Honorine, près Paris.

Il avait épousé Marie Claveau, d'une famille noble de la généralité de Poitiers, et eut d'elle :

1o Marie-Angélique Gassot du Croisy, née, en 1658,

qui vécut très vieille, étant morte à Saint-Germain-en-Laye le 14 décembre 1756, veuve de Paul Poisson; il est douteux qu'elle ait eu du talent : la critique ne la ménagea guère :

> Elle a la taille fort mignonne,
> Beaucoup d'esprit et bien de l'agrément,
> La bouche belle et beaucoup d'enjoûment,
> Mais son papa de trop près la talonne.

2° Angélique Gassot du Croisy, née en 1660, morte en février 1670.

— Une sœur de du Croisy avait épousé Bellerose, célèbre comédien de l'Hôtel de Bourgogne : après la mort de son mari, arrivée en 1670, elle se retira à Conflans-Sainte-Honorine.

XXIX. GAUDON, acteur, le 2 décembre 1671, dans la *Comtesse d'Escarbagnas*.

XXX. GEOFFRIN ou JOFRAIN Julien, comédien du Marais en 1610, associé de Molière en 1659; — mort le vendredi saint, 26 mars 1660, et inhumé à Saint-Germain-l'Auxerrois.

De sa femme, que nous ne connaissons pas, il eut :

Claude Geoffrin, né en 1639, mort en 1721; célèbre prédicateur connu sous le nom de Dom Jérôme de Sainte-Marie.

Il a laissé un *Recueil de sermons* imprimés à Paris en 1737.

XXXI. GORLA (Marquise-Thérèse de), dite Mlle Du Parc : elle devait être fille de Jacques Gorla, opérateur, né à Rozel, pays des Grisons.

Elle fut célèbre comme tragédienne, comédienne et danseuse : M. Ch. Louandre, citant le *Mercure de France* de 1740, rappelle qu'elle faisait certaines cabrioles remarquables pour son temps et qu'on « voyait ses jambes au moyen d'une jupe qui était ouverte de deux côtés, avec des bas de soie attachés au moyen d'une petite culotte. » C'était la première forme du maillot.

Elle avait épousé, à Lyon, le 23 février 1653, René Berthelot du Parc, dit Gros René : elle mourut le 11 décembre 1668, âgée de 25 ans.

Molière, dans le *Mariage forcé,* lui adressa (dit-on, avec intention), cette amoureuse déclaration : « Vous » allez estre à moi depuis la teste jusqu'aux pieds et je » serai maistre de tout : de vos petits yeux éveillez, de » vostre petit nez fripon, de vos lèvres appétissantes, » de vos oreilles amoureuses, de vostre petit menton » joly, de vos petits tétons rondelets, de vostre... Enfin » toute vostre personne sera à ma disposition. »

GROS RENÉ. — Voy. BERTHELOT et GORLA.

XXXII. GUYOT, comédienne de l'Hôtel Guénégaud, qui devait être d'origine parisienne, car le nom était commun à Paris au XVIIe siècle.

On fit sur elle cette cruelle épigramme :

> De la Guyot, je ne vous dirai rien ;
> De tout ce que j'en sais, on doit faire un mystère.
> Quand on ne peut dire du bien,
> On fait beaucoup mieux de se taire.

L'HERMITE Jean-Baptiste, sieur de Vauselle. — Voy. le Répertoire alphabétique.

HERVÉ (madame). — Voy. au Répertoire alphabétique BÉJARD Geneviève.

XXXIII. HUBERT André, Parisien, acteur au Marais, puis à la troupe de Molière en 1658 et à l'Hôtel Guénégaud en 1673 : il jouait principalement les rôles de femmes.

Il se retira le 14 avril 1685 et mourut le 17 novembre 1700.

Nous ignorons le nom de sa femme, qui n'était pas comédienne.

JODELET. — Voyez BEDEAUX Julien.

LAGRANGE. — Voy. VARLET.

LA THORILLIÈRE. — Voy. LE NOIR.

XXXIV. LECLERC ou mieux LE CLERC DUROZET, Catherine, dite Mlle *de Brie*, née de 1630 à 1635, entrée dans la troupe de Molière à Lyon en 1653; mariée à Edme Villequain, sieur de Brie, dont elle eut un enfant le 17 novembre 1659; morte le 19 novembre 1706.

D'un rare talent, grande, jolie et bien faite : dans sa vieillesse elle avait maigri considérablement, tout en conservant sa fraîcheur : témoin ces vers :

> Il faut qu'elle ait été charmante,
> Puisqu'aujourd'hui, malgré ses ans,
> A peine des charmes naissants
> Égalent sa beauté mourante.

L'ESPY. — Voy. BEDEAUX François.

XXXV. LE NOIR François, père, sieur de la Thorillière, né à Paris vers 1626, gentilhomme et capitaine d'une compagnie de gens de pied dans le Régiment de Lorraine, puis maréchal de camp.

« Mordu du démon du théâtre », il entra dans la troupe de Molière de 1662 à 1669 et composa une tragédie, *Cléopâtre*, représentée en 1667.

C'était un fort bel homme, de haute taille, et en outre un bon acteur, quoique Collé, dans son *Journal*, l'ait injustement appelé *un grimacier*.

Il eut les trois enfants qui suivent :

1º Charlotte Le Noir de la Thorillière, qui épousa le célèbre Baron;

2º Thérèse Le Noir de la Thorillière, femme de Florent Carton, sieur d'Ancourt, qui l'enleva secrètement;

3º Pierre, qui suivra.

La Thorillière mourut, le 27 juillet 1680, du chagrin que lui avait causé le rapt de sa fille; il a laissé, dans les Archives de la Comédie-Française, des manuscrits qui viennent d'être publiés.

— Voy. p. 14 de la Généalogie des Pocquelin, les Le Noir de Verneuil, qui étaient de la même famille.

XXXVI. LE NOIR Pierre, sieur de la Thorillière, fils du précédent, né en 1656, apprit de Molière la comédie et joua en 1671.

C'est, dit M. Soleirol, l'un des talents les plus parfaits qui brillèrent sur la scène française.

Il eut pour femme Catherine Biancolelli, fameuse actrice de la Comédie-Italienne, plus connue sous le nom de *Colombine*, qui lui donna :

Anne-Maurice Le Noir de la Thorillière, acteur du Théâtre-Français.

Nous avons été surpris de lire dans l'excellent livre de notre confrère, M. Jules Claretie, ayant pour titre : *Molière, sa vie et ses œuvres*, p. 181, que Pierre Le Noir de la Thorillière, le fils, ne figura guère dans la troupe de Molière que pour jouer un petit Amour dans *Psyché*.

XXXVII. LE NOIR de la Thorillière Thérèse, sœur aînée de Pierre, débuta en 1671 : nous venons de la citer comme ayant été enlevée par d'Ancourt; elle ne fut qu'une actrice médiocre.

Nous devons rappeler ses deux filles, dont nous ne

connaissons que les petits noms, dus sans doute à leur extrême beauté :

1º *Manon*, très ordinaire comme comédienne ;

2º *Mimi*, dite *la belle d'Ancourt*, actrice pleine de talent.

XXXVIII. MALINGRE Madeleine, que M. Soulié croit la fille d'un maître menuisier, Adrien Malingre, demeurant, en 1643, rue des Vieux-Augustins.

Elle avait quitté la troupe de Molière en 1645.

XXXIX. MARCOUREAU Guillaume, sieur de *Brécourt*, Hollandais, né en 1637 ; poète médiocre, mais très bon comédien ; c'est de lui que Louis XIV disait « qu'il ferait rire des pierres. »

Il se maria avec Étiennette des Urlis, comédienne du Marais, sœur de Catherine des Urlis, de la troupe de Molière, et mourut le 28 mars 1685, rue de Seine, aux Trois-Poissons, de la rupture d'une veine en jouant la pièce de *Timon*, une des six qu'il composa.

M. Herluison a donné dans sa brochure des *Actes d'état civil d'artistes, musiciens et comédiens*, l'acte d'inhumation de ce « comédien de la troupe du Roy, qui avoit renoncé à la comédie par acte dont la coppie est ci-dessous : »

« En présence de M. Claude Bottu de la Barondière,
» prestre, docteur en théologie de la maison de Sor-
» bonne, curé de l'église et paroisse Saint-Sulpice, à
» Paris, et des témoins aprez nommez, Guillaume Mar-
» coureau de Brécourt a reconnu qu'ayant cy-devant fait
» la profession de comédien, il y renonce entièrement
» et promet d'un cœur véritable et sincère de ne le plus
» exercer ni monter sur le théâtre, quoiqu'il revînt dans
» une pleine et entière santé. Fait à Paris, dans la mai-
» son d'habitation dud. sieur Marcoureau de Brécourt...
» le 15ᵉ jour du mois de mars 1685. »

O tempora! O mores!

XL. MAROTTE Marie, dite *Beaupré*, actrice du
Marais en 1669, connue aussi par un duel qu'elle eut
sur la scène même avec Catherine des Urlis, qu'elle
blessa sérieusement au cou : « J'étois, » dit Tallemant
des Réaux, « aux petites comédies du Marais lorsque
deux comédiennes se battirent tout de même sur le
théâtre, après s'être querellées à la farce. »

Elle se retira en 1672 de la troupe de Molière ; Sauval
a fait son éloge.

XLI. MARTINE, servante de Molière, qui joua dans
les *Femmes savantes*, le 11 novembre 1672, le rôle de
la *Servante de cuisine* : on a prétendu que Molière lui
lisait ses pièces à l'avance afin de pouvoir surprendre
les effets de certains passages chez les gens du peuple.

XLII. MENOU : Cette appellation qu'on retrouve,
comme nom de famille, fort commune en Touraine, a été
portée par une actrice de la troupe de Molière et a donné
lieu à beaucoup d'incertitudes ; mais M. Loiseleur a
démontré qu'elle n'était que le *petit nom* d'Armande Béjard, la femme de Molière : n'était-elle pas l'actrice la
plus parfaite de la troupe, très jolie et très gracieuse,
tournant la tête à tout le monde ? — Voy. au Répertoire
des noms.

XLIII. MOLIÈRE : Après la femme doit venir, en dépit
de l'ordre alphabétique, le mari ; au milieu de ses acteurs,
le poète-acteur, le grand comique : nous n'avions garde
de l'oublier ici, malgré les nombreux détails biographiques semés dans la Notice sur la famille Pocquelin,
et notamment pages 38 et suivantes.

Mais ce que nous n'avons pas dit, c'est cette *humou-
ristique opinion* du grand acteur anglais Jean-Philippe

Kemble, né en 1757, mort en 1823, déjà contée par M. Auger et citée par MM. Paul Albert et Jules Clàretie :

« Je me figure que Dieu, dans sa bonté, voulant don-
» ner au genre humain le plaisir de la comédie, créa
» Molière et le laissa tomber sur terre en lui disant :
» Homme, va peindre, amuser, et, si tu peux, corriger
» tes semblables.

» Il fallait bien qu'il descendît sur quelque point du
» globe, de ce côté du détroit ou bien de l'autre, ou
» bien ailleurs. Nous n'avons pas été favorisés, nous
» autres Anglais ; c'est de votre côté qu'il est tombé.

» Mais il n'est pas plus à vous, Français, qu'à per-
» sonne, il appartient à l'univers ! »

Le grand critique allemand Gœthe partageait cet en-
thousiasme lorsqu'il écrivait : « Quel homme que Mo-
» lière ! quelle âme grande et pure ! Oui, c'est là le vrai
» mot qu'on doit dire de lui : c'était une âme pure !... »

XLIV. MILLOT Philippe, « comédien nouvellement engagé dans la troupe de l'*Illustre Théâtre*, » suivant un acte du 1er juillet 1644, reçu Mo Biesta, not. à Paris ; cité par M. Loiseleur, p. 373.

XLV. OLIVIER Jeanne, dite Bourguignon, connue sous le nom de *M*llo *Beauval*, née en 1647 en Hollande, où elle fut trouvée, *dit-on*, à la porte d'une église et éle-vée jusqu'à l'âge de 10 ans par une blanchisseuse, qui là remit à Jean Monchingre, sieur de Philandre, chef d'une troupe nomade, établie à Rouen en 1667.

Elle était comédienne du Roi, avec Molière, en 1670 : quoique sachant à peine lire, elle était pleine d'esprit et de vivacité ; on lui a reproché de rire trop souvent.

Elle eut pour mari, en 1669, Jean Pitel, sieur de Beau-val, officier du Roi, et mourut le 20 mars 1720, âgée de 73 ans.

M. Soulié rapporte, p. 283, l'acte de baptême, du
12 mai 1668, de Jeanne-Thérèse Olivier, fille de Pierre,
qu'il croit sa parente ; un autre extrait des registres paroissiaux, du 15 novembre 1670, communiqué par M. Parent du Rosan, est le baptême de Jeanne-Catherine, fille
de Jean Pitel, officier du Roi, et de Jeanne Olivier, sa
femme ; par conséquent la fille de notre actrice.

XLVI. PINEL Georges, maître écrivain, époux d'Anne
Pernay, associé de l'*Illustre Théâtre* en 1643.

On croit que c'est lui, « le maître de pension, » qui,
envoyé pour détourner Molière du théâtre, se laissa si
bien prendre aux paroles enthousiastes de son ancien
élève, qui lui promit qu' « il seroit le Docteur de leur
Comédie et lui persuada que le peu de latin qu'il savoit,
le rendroit bientôt capable d'en faire le personnage. »
Il n'avait pas la vocation de notre poète comique et se
dégoûta vite : en 1645, il était retourné à ses écritures.

XLVII. PITEL Henri, sieur de Longchamp, acteur de
Molière en 1659, avec qui il ne joua qu'en province ; on
lui connaît deux enfants :

1° Anne Pitel, femme Michel Durieux ;

2° Françoise dite *Fanchon* Pitel, mariée à Jean-Baptiste Raisin : le talent et la beauté rendirent ce couple
célèbre.

XLVIII. PITEL Jean, sieur de Beauval, frère du précédent, d'abord moucheur de chandelles dans la troupe de
Paphetin à Lyon, puis comédien du Roi en 1670 ; très
honnête homme, très aimé de ses camarades, bon père
de famille, ce qui fut fort heureux, puisque, de Jeanne
Olivier dite Bourguignon, il eut vingt-huit enfants, parmi
lesquels nous n'en citerons que trois :

1° Louise Pitel, ci-après ;

2º François Pitel de Beauval, mort le 31 octobre 1670;

3º Jeanne-Catherine Pitel, baptisée à Auteuil le 15 novembre de la même année.

Beauval mourut le 29 décembre 1709.

XLIX. PITEL de Beauval Louise, née en 1665, débutante en 1673 dans le *Malade Imaginaire*, retirée le 3 avril 1718.

Elle ne fut guère heureuse avec ses maris, puisqu'elle en eut trois :

1º Jacques Bertrand;

2º François Deshayes;

.3º Pierre Tronchon de Beaubourg, en 1691.

Elle survécut au dernier et mourut, âgée de 75 ans, le 11 juin 1740.

POCQUELIN Jean, dit Jean-Baptiste, sieur de MOLIÈRE. — Voy. ce nom.

L. POISSON (mademoiselle). — Voy. GASSOT.

M. Claretie, qui écrit son nom Gossot du Croisy, rappelle que « ses *Lettres au Mercure de France*, 1673, 1722 et 1740, sont curieuses pour l'histoire de Molière. »

LI. PRÉVOST Marin, bourgeois de Paris, débuta à Versailles en 1664.

Sa femme s'appelait Anne Brillart et avait été actrice dans la troupe de Molière en province; leurs enfants furent :

1º Jeanne-Marie-Grésinde Prévost, tenue sur les fonts baptismaux par Jean-Baptiste Pocquelin, qui se qualifia *valet de chambre du roy*;

2º Grésinde-Louise Prévost, dont furent parrain et marraine Louis Béjard et madame Molière.

LII. RABEL Germain, mentionné dans un acte du

13 août 1645, reçu Morel et Levasseur, notaires au Châtelet dè Paris, comme étant de l'*Illustre Théâtre*.

LIII. RAGUENEAU de l'Estang Marie, fille de Cyprien Ragueneau, pâtissier, rue Saint-Honoré, poète comique, et de Marie Brunet; femme de Charles Varlet, sieur de La Grange; elle se retira du théâtre le 1er avril 1692 et mourut le 3 février 1727.

Elle était très laide et fort coquette : aussi ne l'a-t-on point ménagée :

> Si n'ayant qu'un amant, on peut passer pour sage,
> Elle est assez femme de bien ;
> Mais elle en aurait davantage,
> Si l'on voulait l'aimer pour rien.

LIV. RÉVEILLON Pierre, cité par M. Loiseleur comme étant entré dans la compagnie de Molière en 1648, à Nantes.

LV. REYNIS Anne, comédien de la troupe de M: le Prince de Conti, se joignit à Molière à Lyon, en 1655 : notre confrère, M. Brouchoud, a donné le fac-similé de cet acte, *Origines*, p. 29.

LVI. SOISSON (mademoiselle de) : On prétend qu'une actrice de ce nom joua les rôles de grande coquette au théâtre du Petit-Bourbon (Soleirol, p. 124).

LVII. DES URLIS (ou des Urleis) Catherine, associée de l'*Illustre Théâtre*, fille d'Étienne des Urlis, commis au greffe du conseil privé du Roi, et de Françoise Lesguillon. — (Voir son duel à l'article MAROTTE.)

Sa sœur, Étiennette des Urlis, épousa Brécourt et entra avec son mari à l'Hôtel de Bourgogne le 17 mars 1664.

LVIII. VARLET Charles, sieur de *La Grange*, né à Amiens, fils d'un riche procureur : devenu pauvre, il se fit comédien, en 1659, dans la troupe du Petit-Bourbon, dirigée par Molière.

Le 25 août 1672, il épousa Marie Ragueneau de l'Estang et en eut une fille qu'il eut le malheur de mal marier : la douleur qu'il ressentit des mauvais traitements de son gendre envers son unique enfant, amena sa mort, qui eut lieu, rue de Bussy, le 11 mars 1692; il fut inhumé à Saint-André-des-Arcs.

De taille médiocre, de bonne mine, d'excellentes manières, ce fut un très grand acteur : il remplaça Molière en 1673.

Il édita, avec Vinot, en 1682, les Œuvres du maître.

Un manuscrit précieux, son *Journal*, conservé dans les Archives de la Comédie-Française, a été publié récemment par M. Édouard Thierry : c'est un recueil de renseignements des plus intéressants pour l'histoire théâtrale.

LIX. VILLEQUAIN Edme, sieur *de Brie*, était, en 1653, l'un des acteurs de la troupe de Molière à Lyon ; en 1670, il se qualifiait *officier du Roy ;* il épousa Catherine Leclerc, dite Mlle *de Brie*, et mourut le 9 mars 1676.

Dans l'acte de baptême, du 15 novembre 1670, transcrit sur les registres paroissiaux de Saint-Germain-en-Laye, que nous avons cité (*verbo* PITEL), il est appelé « officier de Sa Majesté, à la suite de sa cour. »

Il était bretteur, difficile à vivre, et ne fut jamais qu'un comédien de deuxième ordre.

— On trouve des Wilkin en Alsace : était-il de cette ancienne province française? On trouve ce nom écrit d'ordinaire Wilquin. — Voy. Claretie, p. 178.

ADDITION

A LA PAGE 16, LIGNE 3

Pierre-Joseph-Gabriel du Marché est né à Marboz le 1ᵉʳ septembre 1805 : il était fils de François-Nicolas du Marché, officier du génie, et de Judith Arnoux de Promby.

De son mariage, le 14 avril 1842, avec Mˡˡᵉ Buynand des Échelles, il a eu un fils unique :

Joseph-Marie du Marché, né à Bourg le 3 novembre 1847, lequel a épousé, le 9 juin 1873, Marie-Madeleine-Helène Ducret de Langes, fille de Maxime, dit *Max*, baron Ducret de Langes, et de Zoé-Charlotte-Édith Vincent de Lormet ; d'où :

Marie-Joseph-Charles-Gabriel du Marché, né le 30 mars 1874.

Les Ducret de Langes, titrés de *barons* le 28 octobre 1826, portent pour armoiries : *d'azur à la fasce d'or accompagnée en chef de trois trèfles, et en pointe d'un croissant du même.*

RÉPERTOIRE DES NOMS

CONTENUS DANS LA GÉNÉALOGIE POCQUELIN

ANCELIN Jean, bourgeois de Paris, 55.

ANCELIN Marie, veuve Poussepré, 55.

ANGLETERRE Henriette d', duchesse d'Orléans, 49, 68.

ARGOUGES Pierre d', sieur de Saint-Malo, 59.

ASSELIN Louise, veuve Simon Lescacheux, 29.

ASSELIN Sébastien, marchand tapissier, 29, 66.

ASTIER Charles, maître cordonnier, 60.

AUBRY, Jean-Baptiste, sieur des Carrières, paveur du Roi, 48, 55, 70, 75.

AUGEARD Geneviève - Marie, femme Le Camus, 13.

AUGEARD Mathieu, conseiller du Roi, 13.

AUTISSIER Jean, juré du Roi en œuvres de maçonnerie, 28.

BAILLY Chrétienne, veuve Mathieu Bourlon, 32.

BASSET Claude, avocat à Lyon, 44.

BATTANT DE POMMEROL Gabriel, 19.

BATTANT DE POMMEROL Marie-Laurence, femme Courtin de Neufbourg, 19.

BAUDÉLOT Jacques, conseiller du Roi, 55, 70.

BAUDOUIN Antoine, gentilhomme servant de Madame la duchesse d'Orléans, 9.

LA BAUME-SUZE Marie, veuve du marquis de Lavardin, puis femme du comte de Modène, 75.

BAZAN Jean-Réné de, marquis de Flamenville, 59.

BÉJARD Armande - Grésinde-Claire-Élisabeth, femme de Molière, puis de M. Guérin, 47, 48, 52, 53, 55, 56, 69, 70, 72, 75.

BÉJARD Bénigne-Madeleine, 75.

BÉJARD Élisabeth, 75.

BÉJARD Geneviève, 48, 75.

BÉJARD Jacques, 75.

BÉJARD Joseph, procureur, puis huissier des Eaux et Forêts, sieur de Belleville, 37, 47, 67, 70, 75.

BÉJARD Joseph fils, comédien, 47.

BÉJARD Louis dit l'Eguizé, ingénieur du Roi, 48, 75.

BÉJARD Madeleine ou Marie-Madeleine, 48, 49, 67, 68, 69, 75.

BÉJARD Pierre, procureur au Châtelet, 75.

BELLIER Louis, 7.

BENARD Anne, femme Guilminaut, 32.

BENJAMIN, l'abbé de, official de l'archevêché, 73.

BERGER Jacques, marchand de fer, 36.

BERGER, bourgeois de Paris, 31.

BERNARD, prêtre habitué de Saint-Eustache, 52, 73.

BLONDY Angélique, fille du suivant, 60.

BLONDY Michel, pensionnaire du Roi, 60.

BOILEAU Nicolas, sieur des Préaux, poète, 50.

BOILEAU Pierre, conseiller du Roi, contrôleur général de l'argenterie, 69.

BOILEAU-PUYMORIN Pierre, 50.

BOUDET André, marchand tapissier, 34, 53, 65.

BOUDET André, fils, lieutenant à Cayenne, bourgeois de Paris, 34.

BOUDET Jean-Baptiste, fils, 34.

BOURDELOT Jacques, conseiller du Roi, commissaire au Châtelet (Voy. BAUDELOT), 55, 70.

BOURLON Charles, évêque de Césarée, coadjuteur de Soissons, 32.

BOURLON Charlotte, veuve Jolly de Fleury, 32.

BOURLON Mathieu, conseiller du Roi, maître en la Chambre des comptes, 32.

BOURLON Nicolas, conseiller au parlement, 32.

BRADAM Françoise, femme Charles Guérin, 70.

BROCHAND Mathurin, marchand drapier, consul à Paris, 10.

BROCHAND....., femme Pierre Pocquelin, 10, 64.

BUYNAND DES ÉCHELLES Charles-Constant, 15.

BUYNAND DES ÉCHELLES Jean-Philippe-François, 15.

BUYNAND DES ÉCHELLES Jeanne-Pauline, veuve de Chatillon, femme de Gerlan, 16.

BUYNAND DES ÉCHELLES Marie-Joséphine, femme du Marché, 16.

BUYNAND DES ÉCHELLES Philippe, seigneur de Saint-Germain, 15.

CAMUS Antoine-Nicolas le, officier, 13.

CAMUS Guillaume le, marchand orfèvre, consul de Paris, 13.

CAMUS Jean le, marchand apothicaire et épicier, consul de Paris, 13.

CAMUS Marie le, femme de Bazan de Flamenville, 59.

CHALLAYE Marie de, femme Ravel de Montagny, 17.

CHAMBODUC DE SAINT-PULGENT Eugénie, femme Battant de Pommerol, 19.

CHAPUIS Pierre, bourgeois de Paris, 33, 71.

CHARLES VII, roi de France, 1, 2, 43.

CHARRON Colombe le, femme de Choiseul-Praslin, 49, 68.

CHEVALLIER Jean, marchand, 32.

CHEVALLIER, bourgeois de Paris, 31.

COMTES de, doyen de Notre-Dame et grand-vicaire de l'archevêché, 67.

CONTE Hubert-Marie-Hortense le, 21.

CONTE Jacques-Jean-Marie-Hubert le, 21.

CONTE Jean-Ernest le, 21.

CONTE Jean-Jules le, 21.

CONTE Marie-Félicie-Françoise le, 21.

CONTE Marie-Marguerite-Hortense le, 21.

CORNEILLE Pierre, poète dramatique, 50.

CÔTE Marie-Louise-Élisabeth-Herminie, femme Courtin de Neufbourg, 19.

CÔTE Marius, banquier à Lyon, 19.

COURTIN DE LA DEHORS Marie, femme l'Hermite de Souliers, 75.

COURTIN DE NEUFBOURG Adonias dit *Ernest*, 17.

COURTIN DE NEUFBOURG Anne-Marie, femme Buynand des Échelles, 15.

COURTIN DE NEUFBOURG Aria dite *Irma*-Pierrette, femme Huë de la Blanche, 18, 20.

COURTIN DE NEUFBOURG Claude dit *Ernest*, 18.

COURTIN DE NEUFBOURG Françoise dite *Orpha*, 18.

COURTIN DE NEUFBOURG Gustave-Jean-Baptiste, 18.

COURTIN DE NEUFBOURG Jean-Baptiste dit *Élisabeth*-Joseph, 15, 17.

COURTIN DE NEUFBOURG Jean-Baptiste-Ludovic, 17, 18.

COURTIN DE NEUFBOURG Jean-Baptiste, fils du précédent, 19.

COURTIN DE NEUFBOURG Jean-François, seigneur de Riorges, 15.

COURTIN DE NEUFBOURG Jeanne-Marie-Hortense, 19.

COURTIN DE NEUFBOURG Louis-Jean-Baptiste, 19.

COURTIN DE NEUFBOURG Marie, 19.

COURTIN DE NEUFBOURG Marie-Louise, 18.

COURTIN DE NEUFBOURG Nicolas-Joseph-Marie, seigneur de Riorges, 15.

COUTON....., gentilhomme, 73.

CRÉQUI Charles, duc de, gentilhomme ordinaire du Roi, 49, 68.

CRESPY Daniel, marchand plumassier, 28.

CRESSÉ Amable, bourgeois, 30.

CRESSÉ Charles de, bourgeois, 30.

CRESSÉ Laurent, marchand et consul, 28.

CRESSÉ Louis de, marchand tapissier, 28, 29, 31, 66.

CRESSÉ Louis de, dit *l'aîné*, marchand tapissier, 34, 35, 65.

CRESSÉ Louis de, dit *le jeune*, marchand tapissier, 35.

CRESSÉ Marie de, femme Jean Pocquelin, 28, 29, 30, 34, 35, 37, 38, 65, 66.

CRESSÉ Pierre, docteur en médecine, 30.

CRESSÉ Simon de, échevin de Paris, 28.

DAVENNE Françoise, femme Charles Astier, 60.

DESTRICHEY DE BRADAM Françoise, 55.

DOUGLAS Archibald, comte de, commandant des Écossais auxiliaires, 2, 43.

DROGUET Charles, 8, 65.

DRUET DE LA JACQUETIÈRE Élisabeth, femme Buynand des Échelles, 15.

DUGATS Marie, femme Rachel de Montalant, 58.

DUGATS Marie-Nicole-Thérèse, femme Blondy, 60.

DUNY Étienne, marguiller de Saint-Denis d'Argenteuil, 71.

DUPONT Thomas, marchand de fer, 29.

DUPRÉ Claude, procureur, 59.

ELYOT. — Voy. HELLIOT.

ELYOT....., femme de M. Joly, conseiller, 11, 64.

ELYOT....., fille de M. Elyot et de Mlle Pocquelin, 11, 64.

FAVEROLLE Geneviève-Marguerite de; veuve Nicolas Huerne, puis de Mathieu Augeard, remariée à Claude Pocquelin, 13, 64.

FERIER. — Voy. PERRIER.

FLEURETTE Antoine, marchand de fer, 36.

FLEURETTE Catherine, femme Jean Pocquelin, 35, 65.

FLEURETTE Christophe, marchand, 36.

FLEURETTE Eustache, 35.

FLEURETTE Marguerite, femme Jacques Berger, 36.

FLEURETTE Marguerite, femme de Martin Pocquelin, 7, 65.

FOSSE, l'abbé de la, à la séance de l'Académie française, 24.

FOSSE Antoine la, sieur d'Aubigny, poète, 23.

FOSSE Charles la, 23.

FOSSE Pierre la, consul de Paris, 23.

FOUBERT Denise, femme Eustache Fleurette, 36.

GAMARD Martin, maître tailleur, 7, 29, 65.

GAMARD Nicolas, fils du précédent, 7.

GAMARD Michel, apothicaire et épicier, consul à Paris, 29.

GANDOUIN Simone (Voy. BAUDOUIN), 9.

GAUDE Anne, femme Jehan Pocquelin, 6, 64.

GAUTIER François, marchand de soie, 25, 64.

GIRY DE VAUX Marie-Claire, femme de Neufbourg, 15.

GONDOUIN Jean, marchand, 55.

GONON Fleurie-Marie-Caroline, femme de Neufbourg, 18.

GRAND Claudine-Jeanne, femme Côte, 19.

GUÉRIN Anne, veuve Ancelin, 55.

GUÉRIN Charles, officier du Roi, 55, 70.

GUÉRIN Isaac-François, sieur du Trichet, comédien, 55, 56, 70, 75.

GUÉRIN Nicolas-Armand-Martial, 57.

GUIGNARD....., femme Guérin, 57.

GUILMINAUT Perrette, femme Maillard, 31.

GUYON DE VOSLOGER Louise-Aline, femme Révérend du Mesnil, 20.

HARLAY DE CHAMPVAL du, archevêque de Paris, 52, 72, 73, 75.

HELLIOT Jean, marchand passementier, consul à Paris, 11.

HENRI III, roi de France, 22.

L'HERMITE DE SOULIERS Jean-Baptiste, sieur de Vauselle, comédien et poète, 75.

L'HERMITE DE SOULIERS Madeleine, fille du précédent, 75.

HERVÉ Marie, veuve Béjard, comédienne, 47, 67, 70, 75.

HUÉ DE LA BLANCHE Anne-Marie-Victoire, femme Le Conte, 21.

HUÉ DE LA BLANCHE, Claude-Anne-Victor, 18, 20.

HUÉ DE LA BLANCHE Pierre-Mathieu, 20.

HUÉ DE LA BLANCHE Xavérine-Hortense, femme Révérend du Mesnil, 20.

HUERNE Nicolas, conseiller du Roi, maître aux comptes, 13.

JACQUIER....., marié à Mlle Pocquelin, 10, 64.

JEANNE D'ARC chasse les Anglais de France, 2.

JOLLY Jean, sieur de Fleury, conseiller du Roi, 32.

JOSSE Claude, receveur des bois, échevin de Paris, 9.

JOSSE DE LA PÉRONIE...., 9, 64.

LAMBERT Millès, épicier, consul et juge, 14.

LARGILLIER-DALENSEY Louise, femme d'Argouges, 59.

LECHAT...., prêtre, 72.

LEMPEREUR Jean, marchand drapier, consul et juge, 25.

LENFANT...., prêtre, 72.

LESCACHEUX Denise, veuve Asselin, 29, 66.

LESCACHEUX Simon, 29.

LOMÉNIE Léonard de, sieur de Vilaubrun, 48, 75.

LOUIS XI, roi de France, 2.

LOUIS XIII, roi de France, 35, 39.

LOUIS XIV, roi de France, 49, 51, 68.

LUBERT... de, femme Pocquelin, 9, 64.

MACÉ Gilles, négociant à Marseille, 33.

MAILLARD Eutrope, 31.

MAILLARD Marie, femme Pocquelin, 31, 65.

MAILLARD Nicolas, bourgeois, 32.

MAILLET..., marié à Marie Pocquelin, 11, 64.

MAILLET..., chanoine, 11, 64.

MAILLET..., prêtre de l'Oratoire, 11, 64.

MAILLET..., trésorier de France, 11, 64.

MANESSIER Joseph, sieur d'Omattes, 27, 64.

MARCHAND Pierre, tapissier, 32.

MARCHÉ Pierre-Joseph-Marie-Gabriel du, 16, 98.

MARIDAT..., marié à Anne Pocquelin, 10, 64.

MARTIN Anne-Marie, femme Aubry, 55.

MASSON Gilles le, caissier des États de Bretagne, 59.

MAZUEL Agnès, femme Pocquelin, 6, 65.

MAZUEL Jean, violon du Roi, 6.

MÉTAYER Louis, 43.

MÉTAYER Martin, maître paumier, 43.

MÉTAYER Nicolas, 43.

MÉTAYER Noël, bonnetier, 29.

MIGNARD Catherine, comtesse de Feuquières, 50.

MIGNARD Catherine-Marguerite, 69.

MIGNARD Pierre dit *le Romain*, peintre du Roi, 44, 69.

MIGNOT François, 71.

MOLIÈRE François de, sieur d'Essertine, 42.

MOLLIER Louis de, danseur, poète et musicien, 42.

MOLLIER Marie-Blanche de, fille du précédent, femme Ytier, 42.

MONTLUZIN DE GERLAN Anne-Marie-Victoire, femme de Murard, 16.

MONTLUZIN DE GERLAN Émile-Joseph, 16.

MONTLUZIN DE GERLAN Louis-Marguerite, 16.

MURARD Claude-Catherine-Alexandre-François, 16.

MURARD Paul-Alexandre-Maurice, 16.

MUSNIER DE TROHÉOU François-Louis, 59.

NAUROY Pierre, tapissier et valet de chambre du Roi, 39.

NOIR Réné le, sieur de Verneuil, 14.

OLLIVIER Jeanne-Thérèse, 41.

ORSET DE CHATILLON Joseph, 16.

PARASSI..., marié à Mlle Pocquelin, 11, 64.

PATILLOC, général écossais, 2.

PAYSANT..., prêtre, 72.

PERIER Jeanne-Jenny, femme Le Conte, 21.

PERIER Pierre, marchand, prévôt des marchands, 29.

PERRIER Guillaume, marchand de vins, consul et juge, 29.

PERRIER Toussaint, marchand linger, 7, 29, 65, 66.

POCQUELIN Adrienne, 7, 65.

POCQUELIN Agnès, femme Rozon, 7, 65.

POCQUELIN Agnès, femme Parassi, 11, 64.

POCQUELIN Agnès, fille, 14, 64.

POCQUELIN Agnès-Reine, femme Courtin de Neufbourg, 14, 16, 64.

POCQUELIN Alexandre, religieux, 4.

POCQUELIN Anne, femme Brochand, 25, 64.

POCQUELIN Anne, femme Maridat, 10, 64.

POCQUELIN Anne-Catherine, femme Tauxier, 26, 64.

POCQUELIN Anne-Élisabeth, femme Le Noir de Verneuil, 14, 64.

POCQUELIN Catherine, religieuse, 36, 65.

POCQUELIN Charles-Henri, correcteur des comptes, 12, 13, 64.

POCQUELIN Charles-Thomas, sieur de Clairville, officier, 14, 64.

POCQUELIN Claude, directeur des gabelles et des traites, 3, 10, 64.

POCQUELIN Claude, officier, 13, 64.

POCQUELIN Constance, femme Jossé de la Péronie, 9, 64.

POCQUELIN Marie-Esprit-Madeleine, fille de Molière, femme Rachel de Montalant, 48, 50, 57, 59.

POCQUELIN François, auditeur des comptes, 12, 64.

POCQUELIN Guillaume, 7, 65.

POCQUELIN Guy, marchand drapier, juge consul, 6, 22, 64.

POCQUELIN Jean, porteur de grains, puis marchand tapissier, 5, 6, 64, 66.

POCQUELIN Jean, tapissier du Roi, 6, 28, 65, 66.

POCQUELIN Jean, dit *Jean-Baptiste* Pocquelin, sieur de MOLIERE, v à ix. — 3, 6, 9, 28, 30, 37, 38 à 58, 60, 65 à 70, 72, 74, 75, 80.

POCQUELIN Jean, dit *le jeune*, marchand tapissier, 31, 35, 65.

POCQUELIN Jean, marchand, puis curé, 25, 64.

POCQUELIN Jean-Baptiste, marchand bourgeois, 11, 12, 64.

POCQUELIN Jean-Baptiste, avocat en parlement, 32.

POCQUELIN Jean-Louis, religieux, 26, 64.

POCQUELIN Jeanne, femme Perrier, 6, 65.

POCQUELIN Louis, tapissier, 4.

POCQUELIN Louis, mort enfant, 30, 65.

POCQUELIN Louis, marié, 6, 25.

POCQUELIN Louis, 49, 65, 68.

POCQUELIN Louis-Claude, valet de chambre du duc d'Orléans, 23, 64.

POCQUELIN Louise, femme Droguet, 8, 65.

POCQUELIN Madeleine, femme Gautier, 25, 64.

POCQUELIN Madeleine, femme Manessier, 27, 64.

POCQUELIN Marguerite, 35, 65, 66.

POCQUELIN Marie, femme Gamard, 7, 65.

POCQUELIN Marie, femme Maillet, 11, 64.

POCQUELIN Marie, femme Vérany de Varenne, 12.

POCQUELIN Marie, femme de la Fosse, 23, 64.

POCQUELIN Marie, femme du Rouvre, 27, 64.

POCQUELIN Marie, morte jeune, 33, 65.

POCQUELIN Marie-Magdeleine, femme Boudet, 33, 65.

POCQUELIN Martin, marchand et bourgeois de Beauvais, 3.

POCQUELIN Martin, époux Fleurette, 7, 65.

POCQUELIN Nicolas, tapissier et concierge, 7, 65.

POCQUELIN Nicolas, tapissier du Roi, 33, 35, 65.

POCQUELIN Nicolas, chanoine, 25, 64.

POCQUELIN Philippe, femme Simonet, 10, 64.

POCQUELIN Philippe, directeur de la manufacture des glaces, 26, 64.

POCQUELIN Philippe-Louis, 27, 64.

POCQUELIN Pierre, marchand mercier, 6, 65.

POCQUELIN Pierre, directeur de la Compagnie des Indes, 10, 64.

POCQUELIN Pierre, chartreux, 10, 64.

POCQUELIN Pierre, bourgeois, juge consul, 22, 64.

POCQUELIN Pierre-François, 27, 64.

POCQUELIN DE MOLIÈRE. — Voy. POCQUELIN Jean.

POCQUELIN DE MOLIÈRE Pierre-Jean-Baptiste-Armand, 50, 65, 69.

POCQUELIN Robert, marchand mercier, juge consul, 8, 9, 64.

POCQUELIN Robert *l'aîné*, mercier, juge consul, 9, 64.

POCQUELIN Robert *le jeune*, 9, 64.

POCQUELIN Simone, femme Bachelier, 4.

POCQUELIN Thomasse-Simone, 23, 64.

POCQUELIN..., Écossais, 2.

POCQUELIN..., fille de Martin, 4.

POCQUELIN..., religieuses annonciades, 10, 64.

POCQUELIN..., femme Jacquier, 10, 64.

POCQUELIN. ., abbé, 11, 64.

POCQUELIN..., femme Elyot, 11, 64.

POCQUELIN..., femme Chapuis, 33.

POCQUELIN..., fille de Jean-Baptiste, 33.

POTHRON André, maçon, 71.

POUSSEPRÉ Antoine, marchand franger, 55.

PRÉVOST Claude, conseiller du Roi et grenetier à Paris, 32.

PRÉVOST Noël, prévôt des marchands, 22.

PRÉVOST Pierre, élu, échevin et juge consul, 22.

PRÉVOST... le, écrivain du Roi, échevin, 22.

PROTE Philiberte, femme Montluzin de Gerlan, 16.

RACHEL DE MONTALANT Claude, organiste, 58, 59, 60, 71.

RACHEL Jean, sieur de Montalant, 58.

RACHEL Marie dite *de Mareuil*, 59.

RACHEL Marie-Magdeleine, 59.

RACINE Jean dit *Jean-Baptiste*, sieur de Lespinay, 41, 50.

RACINE Louis, 41.

RAISIN Jacques, officier du Roi, 71.

RAVEL Claude, baron de Montagny, 17.

RAVEL DE MONTAGNY Nicole-Hortense, femme Courtin de Neufbourg, 17.

RAYMOND Esprit, comte de Modène, 48, 75.

RAYMOND Françoise, 48, 75.

RÉVÉREND DU MESNIL Claude-Nicolas-Gustave, 20.

RÉVÉREND DU MESNIL Clément-Edmond, 20.

RÉVÉREND DU MESNIL Jacques-Louis-Marie-Ernest, 21.

RÉVÉREND DU MESNIL Jean-François-Olivier, 21.

RÉVÉREND DU MESNIL Louis-Gustave, 20.

RÉVÉREND DU MESNIL Louise-Jeanne-Irma, 21.

RÉVÉREND DU MESNIL Marie-Ernestine-Victoire, 20.

RÉVÉREND DU MESNIL Victor-Henri, 20.

RICHARD, marchand tapissier, 31.

ROHAULT Jacques, professeur de mathématiques, 37.

ROUSSEAU Catherine, femme Pocquelin, 26, 64.

ROUVRE... du, époux de Marie Pocquelin, 27, 64.

ROZON François, huissier au Châtelet, 7, 65.

ROZON Agnès, femme Louis Bellier, 7.

SIRVANTON Marie, femme Courtin de Neufbourg, 18.

SUISSE Marie, femme Pierre Pocquelin, 23, 64.

TAUXIER Pierre, intendant des fortifications de Picardie, 27, 64.

TERRASSE D'YVOURS Zoé-Anne de, femme de Murard, 16.

THOMAS Anne, femme Gondouin, 55.

TICQUET Claude, marchand à Beauvais, 31.

TOSTÉRÉ Denis, marchand lapidaire, 29.

VARET Jeanne, femme Pocquelin, 7.

VASSÉ Jeanne (la même que la précédente), 7, 65.

VASSEUR Claude Le, femme Mazuel, 28.

YTIER..., musicien du Roi, 42.

MEA CULPA

LETTRE A M. I. LISEUX, MON ÉDITEUR

Saint-Rambert-sur-Loire, 30 Mars 1879.

Mon cher Monsieur,

C'est tardivement peut-être que je viens vous faire part d'une découverte tout à fait imprévue.

Hier, je bouquinais, — c'est un peu ma passion, — sur les quais du Rhône, à Lyon : je mets la main sur un charmant petit livre sur lequel je lis : UN BISAÏEUL DE MOLIÈRE, par Ern. Thoinan, Paris, 1878. *Je l'ouvre fiévreusement, pensant avoir été devancé dans la publication d'une généalogie de notre cher Molière : mais non, il s'agit des Mazuel, cette famille de « violons du Roy ».*

Leur histoire est là tout entière, bien dite et bien pensée : mieux encore, parfaitement costumée.

J'y trouve la constatation d'une erreur que j'ai commise : Agnès Mazuel, la seconde femme de Jehan Pocquelin, premier du nom, n'est pas la fille d'un Jean *Mazuel, comme je l'avais relevé quelque part : son père est un* Guillaume *Mazuel, « joueur d'instruments tant hault que bas », puis « violon du Roy », qui épousa Claude Méchaine.*

Il eut au moins trois enfants : Jean Mazuel, qui épousa Claude Levasseur, Antoine Mazuel, qui se maria avec Michelle Grenier, et enfin Agnès Mazuel, que je viens de vous citer.

La rue de la Lingerie paraît avoir été le berceau de cette famille Mazuel, qui n'était peut-être pas d'origine parisienne ; ce qui me confirme ce fait, que j'avais toujours soupçonné : que notre Jehan Pocquelin, d'abord porteur de grains et marié à Anne Gaude, changea de quartier ; ce fut son second mariage, le 11 juillet 1594, avec Agnès Mazuel, qui l'amena dans la rue de la Lingerie, où il établit, après la mort de Louis Pocquelin, sa boutique de marchand tapissier, sous l'enseigne de Sainte-Véronique : voilà pourquoi Beffara, qui n'a vu qu'une partie des registres paroissiaux de Paris, n'a pas trouvé Robert, Guy et Louis Pocquelin, enfants du premier lit, qui habitaient ailleurs, du vivant d'Anne Gaude.

Comme rien de ce qui touche à Molière n'est indifférent, j'espère que vous recevrez favorablement cet erratum (page 5 de la généalogie des Pocquelin), et que vous donnerez place à ma lettre à la fin du volume, s'il en est temps encore.

Sur ce, honteux et confus, n'osant m'excuser auprès de mes lecteurs, je vous prie d'agréer, mon cher éditeur, l'assurance de mes meilleurs sentiments.

E. RÉVÉREND DU MESNIL.

TABLE DES MATIÈRES

GÉNÉALOGIE

La famille Pocquelin 1
Branche substituée des Courtin de Neufbourg. 14
Rameau des Huë de la Blanche. 20
Deuxième branche des Pocquelin depuis Guy, consul en 1668. 22
Troisième branche depuis Louis Pocquelin, vivant en 1663. 25
Quatrième branche dite *de Molière*, depuis Jehan Pocquelin,
    né en 1595. 28

PIÈCES JUSTIFICATIVES

Généalogie extraite d'un tableau des alliances de la famille
    Brochant. 64
Généalogie de Molière, d'après Beffara. 65
Extraits des registres paroissiaux relatifs aux Pocquelin,
    (branche de Molière). 66
Requête à fins d'inhumation du corps de Molière. 72
Note généalogique sur la famille Béjard. 75
Armorial des familles alliées aux Pocquelin. 76
Note sur un ancien jeton de la famille Pocquelin. 80

APPENDICE

Acteurs de la troupe de Molière au nombre de 59. 81
Addition relative aux du Marché. 98
Répertoire des noms contenus dans la généalogie des Poc-
    quelin 99
Lettre à l'Éditeur. 109

Paris. — Imp. Motteroz, 31, rue du Dragon.

TU PENSES,
J'ŒUVRE
IMPRIME

C. MOTTEROZ

www.ingramcontent.com/pod-product-compliance
Lightning Source LLC
Chambersburg PA
CBHW052116090426
42741CB00009B/1835